GABRIELLA SANFILIPPO

MI AMO QUINDI SONO

Come trasformare il dolore di un'infanzia infelice o di una relazione sentimentale mortificante in gioia e fiducia in te stesso per realizzare i tuoi desideri

Titolo

"MI AMO QUINDI SONO"

Autore

Gabriella Sanfilippo

Editore

Bruno Editore

Sito internet

http://www.brunoeditore.it

Sommario

Introduzione

Non importa il punto in cui sei in questo preciso momento. Che tu dipenda dagli altri o da te stesso. Che tu abbia un lavoro insoddisfacente o non lo abbia affatto. Che abbia perso l'amore della tua vita, o si sia trasformato in un incubo. Che tu sia il frutto di un'infanzia difficile o il risultato di un passato che non riesci a dimenticare. Che tu sia circondato da persone negative, o non abbia nessuno accanto.

Per qualche ora, metti tutto da parte e liberati da qualsiasi pensiero, perché desidero mostrarti come ritrovare quella pura gioia di vivere che hai perso da tempo e che, in questo momento, ti sembra quasi impossibile da raggiungere.

Fino a tre anni fa ero una donna cupa, apatica e sofferente, profondamente segnata da un'infanzia difficile, da un'adolescenza vissuta tra l'anoressia e la bulimia e da una maturità in preda a frequenti episodi di attacchi di panico. In tutta la vita avevo avuto

5

ben pochi attimi di felicità, successivamente pagati a caro prezzo, e mi ero convinta di appartenere a quel gruppo di persone, nate sotto una cattiva stella, che per qualche oscuro motivo dovessero vivere in compagnia della sofferenza.

Così mi ero accontentata di una vita triste e insoddisfacente, distante anni luce da ciò che volevo, ma non riuscivo a vedere alternative, niente di meglio: finché una serie di drammatici eventi mi ha fatto precipitare in quel fondo oltre il quale pensi che non ci sia più nulla e lì, d'improvviso, è scattato in me qualcosa di straordinario. La forza di una leonessa che, pur profondamente ferita, reclamava il diritto alla vita dei suoi sogni, di quando era solo una bambina di 11 anni che credeva nelle favole.

Con questo libro ho il sogno di accompagnarti, passo dopo passo, nella realizzazione di una vita gratificante e ricca d'amore, affinché anche tu, proprio come me, un giorno possa dire "caspita, ma era davvero tutto qui? se lo avessi saputo prima!".

Alla fine della lettura ti chiedo gentilmente di lasciarmi una tua recensione su Amazon, grazie!

Capitolo 1:
Come liberarti dalle grinfie del passato

La depressione è davvero infida. Pianta le sue radici giorno per giorno, delusione su delusione, illusione su illusione, dolore su dolore. A furia di tenere duro, arrivi al punto che perdi fiducia in tutto, non credi più in niente e non hai più aspettative.

Sì, perché questo malessere annienta l'anima e ogni suo più tenue desiderio, spazza via ogni cosa e lascia dentro un vuoto difficile da colmare. Ad un certo punto perdi il senso, l'interesse e la direzione della tua esistenza, i giorni si riducono a mero tempo che trascorre, senza aggiungere alcun valore alla tua vita, e sei sempre più stanco e demoralizzato.

Le persone vicine non ti capiscono e hai la netta sensazione che ogni cosa ti si sia rivoltata contro perché è tutto un susseguirsi di sfortune, l'una dopo l'altra, e vivere ti risulta sempre più difficile e complicato.

Ebbene, per procedere al cambiamento a cui aspiri e gettare le basi che ti permettano di uscire da questo stato, la prima cosa necessaria da fare è liberarti dalle grinfie del tuo passato.

Nel tempo ho potuto riscontrare che le persone sofferenti presentano più o meno le stesse caratteristiche e soffrono per analoghi motivi, in particolare:

- mancanza d'amore per sé stessi e bisogno spropositato di riceverlo dagli altri;

- sfiducia in sé e nei confronti del prossimo;

- paura del giudizio altrui;

- insicurezza;

- disistima;

- inadeguatezza;

- senso d'inferiorità;

- visione pessimistica e incompleta della realtà;

- rabbia repressa che sfocia in aggressività.

Quante di queste caratteristiche ti appartengono? Ebbene, io le avevo tutte. Cominciamo dalla prima, che ritengo la più importante: imparare ad amarsi.

L'amore per sé stessi non dovrebbe rappresentare un problema, piuttosto dovrebbe essere un sentimento del tutto naturale e spontaneo appartenente a tutti gli esseri umani; ma purtroppo, per diverse cause, non tutti lo hanno. Io ero una fra questi.

Sapessi quante volte mi sono ripetuta che dovevo amarmi di più, ma poi la verità era che non ci riuscivo perché di fatto davo sempre più importanza agli altri, a come stavano, a cosa pensavano, a cosa dicevano e facevano.

Mi chiedevo "come si fa ad amarsi?". È qualcosa che non ti puoi imporre, dovrebbe essere innato occuparsi e prendersi cura di sé stessi, ma purtroppo io non lo sapevo fare. La verità era che nessuno me lo aveva mai insegnato, poiché è un sentimento che normalmente si apprende nei primi anni di vita dalle figure più significative: i genitori e, marginalmente, anche il sistema scolastico.

Nata in una famiglia siciliana di tipo patriarcale, primogenita di due femmine, io ero una bimba molto vivace, esuberante, piena di vita, fantasiosa e dal temperamento forte, ribelle e combattivo.

Mia sorella invece era il mio esatto opposto: minuta, quieta, tranquilla, fragile, paurosa e tendente al pianto facile. Per mio padre (e non solo per lui, perché io stessa cercavo di proteggerla e di difenderla in tutti i modi possibili ed immaginabili) divenne subito la figlia prediletta e non fece mai nulla per nasconderlo, anzi lo sottolineava in ogni contesto e situazione possibile.

In sostanza mi sono sempre sentita la figlia di serie B, quella stupida, incapace e mai sostenuta, e a questa situazione reagivo d'istinto manifestando ribellione, sentimenti di sfida e obiezioni. Era il mio modo spontaneo di reagire, a causa dei sentimenti di rabbia, d'impotenza e d'ingiustizia che nutrivo.

A soli 4 anni già sapevo intuire dallo sguardo di mio padre se era arrabbiato, e sentivo tutta la disapprovazione e talvolta pure il disprezzo che provava nei miei confronti. Non ricordo di aver mai ricevuto un suo "brava" per qualche mia buona qualità, o parole d'incitamento laddove manifestassi delle paure. Anzi, era tutto uno "stai attenta, controlla tua sorella, non fare questo o quello, non sporcare qui o lì, stai zitta, vai a letto senza cena".

Quando chiedevo spiegazioni per la diversità di trattamento rispetto a mia sorella, mia madre mi rispondeva sempre con queste due frasi: "perché è così" oppure "perché sei la più grande". Peccato che avessi solo un anno e sette mesi più di mia sorella, quindi la più grande era pur sempre una bambina!

Ho vissuto quelli che sarebbero dovuti essere i migliori anni della mia vita in preda a una profonda rabbia, a un senso profondo d'ingiustizia, alla paura, alla repressione dei miei bisogni infantili. Mio padre era anche piuttosto severo e ci impediva di guardare i cartoni animati, di parlare quando non era richiesto, di giocare quando era nervoso e spesso persino di scendere in cortile a giocare con le amichette, perché aveva timore che ci accadesse qualcosa di brutto. Inoltre era particolarmente restìo alle manifestazioni d'affetto e sempre pronto a critiche e giudizi.

Ricordo ancora quanto avrei desiderato delle carezze o qualsiasi altro gesto di dolcezza da parte sua, qualcosa che mi facesse sentire meritevole d'amore, ma in casa c'era sempre tanta amarezza a cui non riuscivo nemmeno a trovare una spiegazione, c'era una visione totalmente negativa della vita, recepita come un'eterna lotta e come il frutto d'infiniti sacrifici, senza contare le disparità tra me e mia sorella che, giorno dopo giorno, diventavano sempre più palesi.

Una sera mio padre, di rientro dal lavoro, vedendo piangere mia sorella (in realtà ricominciava a piangere quando lui suonava il campanello) mi diede immediatamente uno schiaffo, senza neanche chiedere cosa fosse successo. È anche capitato diverse volte, dopo cena, che per intimorirmi mi caricasse in macchina e mi lasciasse in un parco deserto vicino casa; cioè in verità faceva finta di abbandonarmi, perché ci girava intorno e poi tornava a riprendermi, ma in quei pochi minuti di attesa provavo l'inferno.

L'aspetto strano e quasi assurdo era che allora, malgrado tutti i mezzi che utilizzava per incutermi paura, "contenermi" ed educarmi come riteneva esser giusto, io apparentemente mostravo una forza di carattere incredibile. Ancora non sapevo che era un modo spontaneo per contenere tutte le mie fragilità in una specie di bolla che in futuro, scoppiando, mi avrebbe causato un dolore insopportabile.

Fra i miei genitori, inoltre, i litigi erano all'ordine del giorno e purtroppo alcuni anche per causa mia, perché quando mio padre alzava le mani mia madre correva sempre in mio aiuto, facendolo arrabbiare ancora di più, ed arrivò persino a dirmi che da quando ero nata avevo "rovinato" la famiglia.

Così sono cresciuta con l'idea di essere anche un peso e con ovvi sensi di colpa. Solo dopo alcuni anni scoprii che mia madre, già in gravidanza, aveva avuto dei problemi più o meno seri con mio padre, ma ormai il danno aveva piantato le sue radici.

Penso tu possa immaginare quali gravi ripercussioni avrebbe avuto tale contesto familiare su una bambina. Difatti per più di vent'anni mi sono trascinata dietro il fardello della mia infanzia: rabbia, impotenza, lotta, contrasti, insicurezza, zero autostima, senso d'inferiorità, di abbandono e di colpa. Da tutto ciò sono scaturite dapprima l'anoressia e la bulimia e, successivamente, forti stati d'ansia e di attacchi di panico.

A tal proposito, se ancora non ne avessi avuto l'occasione, ci tengo particolarmente a farti leggere "I bambini imparano ciò che vivono", una poesia scritta da Dorothy Law Nolte, insegnante, pedagogista e consulente familiare che è riuscita a condensare in versi ciò che i bambini imparano in base al contesto in cui vivono, che influenza e forgia il loro carattere.

Se un bambino vive con le critiche, impara a condannare.
Se un bambino vive con l'ostilità, impara ad aggredire.
Se un bambino vive con il timore, impara ad essere apprensivo.
Se un bambino vive con la pietà, impara a commiserarsi.
Se un bambino vive con lo scherno, impara ad essere timido.
Se un bambino vive con la gelosia, impara cos'è l'invidia.
Se un bambino vive con la vergogna, impara a sentirsi in colpa.

Se un bambino vive con l'incoraggiamento, impara ad essere sicuro di sé.
Se un bambino vive con la tolleranza, impara ad essere paziente.
Se un bambino vive con la lode, impara ad apprezzare.
Se un bambino vive con l'accettazione, impara ad amare.
Se un bambino vive con l'approvazione, impara a piacersi.
Se un bambino vive con il riconoscimento, impara che è bene avere un obiettivo.

Se un bambino vive con la condivisione, impara la generosità.
Se un bambino vive con l'onestà e la lealtà, impara cosa sono la
verità e la giustizia.
Se un bambino vive con la sicurezza, impara ad avere fiducia
in sé stesso e in coloro che lo circondano.
Se un bambino vive con la benevolenza, impara che il mondo
è un bel posto in cui vivere.

Devo essere sincera, non è stato facile capire, comprendere e neppure accettare il senso di tutto questo, perché se certe esperienze ti accadono da adulto puoi anche pensare di avere le tue colpe e responsabilità. Ma da piccoli si è così puri e indifesi che un'infanzia serena e circondata d'amore dovrebbe essere un diritto, altrimenti sarebbe preferibile evitare di mettere al mondo dei figli. Ma chi può saperlo in anticipo?

Fare i genitori è sempre più difficile. Concepisci un essere così piccolo e fragile, che non sa parlare, non sa muoversi, ma che mangia, fa i bisogni, dorme e piange, e poi di nuovo piange, dorme, fa i bisogni, mangia. Ma tu non sai nulla di lui e in realtà nemmeno tanto su di te, perché hai sempre vissuto pensando ai tuoi bisogni e d'improvviso sono passati in secondo piano, a volte non li ricordi nemmeno più. Sei innamorato di quella creatura, ma accidenti, quanto piange!

Ecco, finalmente si è addormentato, fai un sospiro di sollievo e ti siedi a tavola, sei in procinto di avvicinare il primo boccone alla bocca, quando all'improvviso si sveglia e piange. Ti alzi, cerchi di capire se ha fame, ma no, sembra proprio di no, allora lo prendi in braccio, lo dondoli, gli canti la ninna nanna e nell'attesa che si riaddormenti cammini di stanza in stanza (sperando che tu abbia un appartamento sufficientemente ampio) percorrendo chilometri senza nemmeno uscire di casa.

Intanto trascorrono i mesi ed ecco che devi già rientrare al lavoro. Dio mio, come farai ora? Eppure ti metti in pista e ti rechi in azienda, ma guarda, tutto è rimasto uguale a quando te ne sei andata, gli stessi colleghi, lo stesso bagno e anche la pausa del caffè. E certo cara, cosa ti aspettavi? Il mondo è lo stesso, sei solo tu che sei cambiata!

Mentre svolgi la tua professione, sei con il pensiero sempre rivolto a tuo figlio. Fai dieci telefonate al giorno per chiamare la baby sitter, i nonni, i parenti, l'asilo nido, chiunque abbia tra le mani il tuo "cucciolo", poi ti rassereni e finalmente giunge l'ora di andare a casa. Se prima il viaggio di ritorno era piacevole e tranquillo ora è diventato piuttosto frenetico, hai fretta, devi arrivare in tempo per dargli la pappina della sera.

Nel frattempo passa un anno, poi due e al terzo scatta il periodo delle domande. "Mamma, papà, ma perché questo è così? Cos'è quello? Come funziona?", e mentre rispondi stai preparando la cena, c'è l'ultima puntata della tua fiction preferita, sei al telefono con il tuo responsabile, devi fare la spesa, rispondere a quella email importante, portare tua madre dal medico perché non si sente bene, insomma di tutto e di più. Nel poco tempo che ti resta ti godi il tuo figlioletto, giochi con lui, ti sorprendi dei progressi che ha compiuto, ti intenerisci, insomma, per una mezz'oretta abbondante è come se tornassi anche tu bambino. Poi riprendi il solito ritmo perché, come si suol dire, chi si ferma è perduto.

Intanto gli anni passano, è arrivato il primo giorno della scuola elementare, tutto emozionato lo accompagni e nella malaugurata probabilità che quella scuola sia la stessa che hai frequentato tu inizi a chiederti "ma dove sono andati a finire tutti questi anni?". Eppure hai già passato i trent'anni, se non i quaranta.

Ora tuo figlio inizia a diventare prepotente e tu lo devi controllare, non deve mancarti di rispetto. Gli anni intanto continuano a passare mentre tu sei sempre più affaccendato, e ora lo accompagni alle medie. Ma solo il primo giorno, perché vuole andare a scuola da solo, ormai si sente grande, mentre tu pensi "ma se ha ancora il viso acqua, sapone e latte, che ne vuole sapere della vita. Ma capirà un giorno, certo che capirà".

E comincia il periodo delle richieste. "Mamma, papà, il mio amico ha il cell, me lo comprate? Mamma, papà mi servono i soldi per le scarpe, le ho viste in vetrina" e tu rispondi "sì gioia, quanto costano?", e ti senti dire "Centonovantanove euro" con un'aria così innocente che quasi non sai se commuoverti. Gli dici di aspettare la fine del mese, ma lui insiste così tanto che per ritrovare la beata pace gli dai i soldi.

Ti fai forte che un giorno capirà il valore del denaro, ma nel frattempo è scattata l'ora degli amici, dei fidanzatini, delle uscite e del divertimento. Ma come, fino all'altro ieri (o così ti sembra) non muoveva un passo senza di te e ora guai se ti fai vedere quando ci sono gli amici. Peccato che da quell'altro ieri siano trascorsi la bellezza di altri cinque anni.

Ora è piena notte, non riesci a dormire, guardi l'orologio, sono già le due e non è ancora tornato a casa. Dio mio, cosa gli è successo? Gli telefoni, felice di avergli regalato il cellulare di ultima generazione, che contiene tutte le applicazioni: videochiamate, WhatsApp, Messenger, Telegram e persino Skype, ma nulla, ecco che risponde l'operatore "il telefono della persona chiamata non è raggiungibile". Sei furioso, pensi che appena tornerà a casa gliele darai per bene, ma quando rientra sei talmente felice che devi trattenerti dal gettargli le braccia al collo, ti mostri arrabbiato e attendi le sue scuse ma le conosci già tutte, "il cell era scarico, non c'era campo, l'ho dimenticato in macchina", ogni volta una scusa diversa.

Ma torniamo all'argomento principale del libro. Dicevamo che il compito del genitore è piuttosto complicato: non che a tutti capiti proprio così, c'è chi è più fortunato, è supportato da nonni, ha un bimbo che non piange mai, che non chiede mai niente, che non si lamenta, che segue tutte le regole e così via, anche se stento a credere che possano davvero esistere bambini così.

Ad ogni modo, ho fatto un piccolo sunto delle tante circostanze quotidiane perché non è possibile sapere a priori cosa può fare bene al proprio figlio, essendo ogni persona diversa dall'altra. Così, se avessi tre figli come me, con il tempo capiresti che al primo servono i rimproveri, con il secondo bisogna essere più comprensivi e con il terzo è preferibile il dialogo. Anche se li ami nello stesso modo ti rendi conto che non puoi adottare lo stesso principio educativo, perché il carattere è diverso e pure i bisogni.

Così il primo ti dice che ami di più il secondo perché lo sgridi di meno, il secondo che preferisci il primo perché sei più tollerante, il terzo che vuoi più bene alla prima perché le permetti di fare più cose. Ma non farti abbindolare dalle loro tattiche, perché sono anche molto furbi e sanno qual è il tuo punto debole. Quando sei nel giusto, quando stai agendo nel rispetto delle loro personalità, il tuo amore gli arriva comunque, anche se non lo ammettono.

Ebbene, fino ad ora ci abbiamo scherzato un po' su, ma la difficoltà maggiore per un genitore, e di conseguenza, anche per un figlio è che puoi insegnare solo ciò che sei. E molto spesso non sei nemmeno te stesso, ma il frutto di tanti limiti e credenze altrui e programmi sabotanti che tu stesso hai appreso durante l'infanzia dai tuoi genitori, dalla società, dalle tue esperienze e purtroppo, nella maggioranza dei casi, non ne sei neanche consapevole.

Ciò è accaduto soprattutto fino alla generazione dei nostri genitori, dove la crescita personale era un concetto poco sviluppato. Esistevano già gli psicologi, ma era un approccio ancora molto marginale rispetto a quel mondo di saggezza, scienza, filosofia, azioni, linguaggio corporeo, linguaggio verbale e chi più ne ha più ne metta nella formazione del carattere. Ad ogni modo, tornando ai programmi sabotanti, per capire meglio bisogna affidarsi alla scienza.

Secondo i neuroscienziati cognitivisti siamo consapevoli soltanto del 5% della nostra attività cognitiva, mentre il 95% della nostra vita è gestito dal subconscio. Quando la tua mente vaga tra passato e futuro, tra paure e ansie, quando non presti attenzione al momento presente, è il subconscio con i suoi antichi programmi che prende il comando della tua vita.

Da dove viene la programmazione della mente inconscia? Dall'infanzia. È infatti nei primi sette anni di vita che si viene programmati dagli altri. Nel feto già vengono segnate le prime impronte: ad esempio, se la madre è stressata, attraverso la placenta gli ormoni dello stress verranno trasmessi al nascituro; il 50% della personalità del bambino inoltre è programmato alla nascita, da come la madre vive l'ambiente che la circonda.

Lo sviluppo della mente conscia arriva dopo i 7 anni circa; fino a quell'età, il bambino osserva e registra in automatico, senza pensare, tutto ciò che vede e sente, essendo privo degli strumenti di conoscenza e consapevolezza che non sono ancora sviluppati a quell'epoca. Per fare un paragone facilmente comprensibile, è come se si trovasse a scaricare dei programmi senza però conoscerne ancora il funzionamento.

Questa interessante e validissima scoperta mi ha profondamente illuminata e mi ha reso consapevole del fatto che entrambi i miei genitori non avrebbero potuto fare altrimenti perché a loro volta erano stati, per così dire, programmati in questo modo; ma soprattutto ho capito che la mia figura era stata la destinazione, il focus su cui riflettere e trasferire tutte le proprie terribili credenze e il risultato delle proprie esperienze.

Non ero io con il mio carattere a non andare bene, ma le mie qualità di allora (esuberanza, vivacità, testardaggine e senso profondo di giustizia) esasperavano tutto ciò che aveva piantato radici profonde nell'infanzia dei miei, ovvero l'educazione ricevuta dai rispettivi genitori in una Sicilia del dopoguerra, dove la donna doveva in un certo senso soccombere al marito e il padre era il capofamiglia duro, inflessibile ed egoista.

Tutto questo può sembrare assurdo, ma nessuno ne aveva colpa e l'aspetto ancora più stupefacente è che soprattutto per mio padre quell'educazione rigida e giudicante corrispondeva all'amore, al suo modo di amare, che aveva appreso e fatto proprio da suo padre e che suo padre aveva a propria volta imparato dal nonno e così via, di generazione in generazione. E posso garantirti che mio padre non ha vissuto una bella infanzia, tutt'altro!

Quindi, in sostanza, io ero stata amata da entrambi i miei genitori, seppur non nel modo che avrei voluto, ma ti garantisco che con quei programmi installati non avrebbero potuto fare diversamente. E anch'io non avrei potuto essere diversa, una bambina con delle caratteristiche che non mi ero scelta e che molto probabilmente si erano già sviluppate nel ventre di mia madre, la quale non aveva trascorso una gravidanza serena e armoniosa ma, al contrario, piena di conflitti e di rabbia.

Dunque forse era destino che io dovessi passare attraverso questa esperienza per crescere, evolvermi e successivamente diventare la donna che sono oggi. In fondo la vita è una grande maestra e, attraverso le esperienze, ti spinge ad apprendere tutti quegli insegnamenti allo scopo di diventare una persona migliore.

Questa nuova consapevolezza ha dissolto una buona parte della rabbia che provavo nei confronti della vita stessa perché non era stata particolarmente magnanima nei miei confronti. Attenzione, non si tratta di perdonare qualcuno che ti ha fatto del male ma semplicemente di comprenderne l'animo, i limiti e le convinzioni che hanno portato e condizionato quella persona a un comportamento non proprio amorevole, almeno in apparenza. Anche se non condividi il suo modo di amare, esso non è comunque determinato dal tuo modo di essere ma piuttosto dal suo passato più remoto.

Non solo, all'improvviso nella mia mente sono riemersi anche tutti gli aspetti positivi che il grande dolore aveva completamente cancellato dalla mia memoria. Ad esempio quando mio padre mi insegnò ad andare in bicicletta, la gioia e l'orgoglio che avevo letto nei suoi occhi, o quando pazientemente mi aveva insegnato a nuotare. In fondo quasi tutte le tappe più importanti e concrete della mia crescita le avevo apprese da lui, perché mia madre non era sufficientemente determinata e si annoiava facilmente.

In ultima analisi, ognuno aveva fatto del proprio meglio con quello che era stato in grado di fare e tutto ciò ora mi riempie di profonda gioia. Sono i miei genitori e solo adesso riesco ad essere dolce con loro, e automaticamente questa dolcezza appare anche nei loro sguardi. Ciò a ulteriore conferma che l'affetto c'è sempre stato e che i problemi erano solo dovuti a limiti che nessuno, me compresa, riusciva a superare.

Dunque se anche tu non hai avuto un'infanzia facile e non riesci a provare amore per te stesso, o l'hai smarrito nel tempo a causa di altre relazioni importanti, devi capire che tutto quello che pensi e credi di te stesso non è la realtà.

Non è tuo questo programma, chiaro? È di qualcun altro che te lo ha preinstallato, che non era mai contento di te, che non si è mai preso la briga di interessarsi a te o alle tue potenzialità. È di qualcun altro che molto probabilmente non stava bene con sé stesso, che aveva una visione negativa, parziale e distorta della vita, e l'ha riflessa su di te. E tu l'hai assorbita, hai fatto tuo quel programma, perché non avresti potuto fare altrimenti, perché eri troppo piccolo per ragionare con la tua testa o perché eri in un momento di fragilità, ma non è il tuo.

Nessuno può sapere davvero chi sei, perché non lo sai nemmeno tu fintanto che non ti levi di dosso quel programma. Inizia a toglierti di dosso quel filtro distorto, come se stessi spazzolando via i pelucchi dai tuoi abiti, e ripeti a te stesso, a voce alta, che tu non sei quel programma, che sei molto altro, e che ora sei pronto per scoprirlo.

Prendi una tua foto di quando eri piccolo e fai come se fossi il genitore di quel tuo io bambino. Lui possiede il tuo progetto originale, quello integro. Impara a parlargli, digli che ti dispiace per non averlo amato, come un vero genitore o come quel tuo ex fidanzato. Scusati per averlo sgridato quando non lo meritava, per non averlo sostenuto e apprezzato per quello che era realmente, per averlo osservato con il filtro dei tuoi condizionamenti, limiti e frustrazioni. Fallo sentire amato e domandagli come puoi fare per rimediare. Chiedigli di liberarvi dai ricordi del passato, perché voi siete una persona sola, sai?

Quel bambino che hai abbandonato crescendo, pensando che non ti servisse più, è ancora in te e si manifesta con tutti i programmi acquisiti. Ma non solo, è anche il mezzo collegato con la sorgente divina, l'universo, Dio, dove tutto è possibile e dove avvengono i miracoli. Perché in lui c'è il tuo cuore, quello pulito da tanta miseria umana, quello che non aveva limiti. Senti la sua presenza dentro di te, comunica con lui e ascolta quello che ha da dirti: più lo farai e più si manifesterà sotto forma d'impulso, di focus, di bisogno imminente di fare qualcosa.

Ti basti pensare al tuo entusiasmo per ogni nuova scoperta, alle volte che cadevi ma la voglia di esplorare la vita era più forte della paura di cadere di nuovo. Sì, forse sarai stato più attento, ma non hai rinunciato e tutto ciò non era dovuto solo all'innocenza e all'incoscienza che caratterizzano l'infanzia ma piuttosto alle doti innate di ciascuno, incluso l'entusiasmo per la vita, che con il trascorrere del tempo, i timori dei genitori che ci mettono in guardia dai pericoli, vicissitudine dopo vicissitudine, ferita dopo ferita, si smarriscono fino a non ritrovarle più.

Devi sapere che le persone che ti hanno ferito non lo hanno fatto intenzionalmente. Hanno seguito quei loro vecchi programmi che contenevano i loro impulsi, condizionamenti, bisogni, credenze e limiti. Le persone che hanno fatto parte della tua vita, così come quelle che ancora ne fanno parte, non possono pensare a te come ne avresti bisogno o come desideri. Hanno il loro cammino da compiere, possono starti vicino in alcuni momenti e in altri no, ma non per questo non ti hanno amato o non ti amano.

Semplicemente, il percorso della vita è lungo e devi attraversare tante tappe. Non puoi più essere accudito come un bambino, ormai sei adulto, non puoi aspettarti nulla dagli altri contro la loro volontà e, allo stesso modo, non puoi pretendere niente, neppure se fossi disposto a fare o hai fatto di tutto. Le persone non sono te e tu non sei loro. Come ti ho già detto, ognuno ha il proprio cammino da compiere ed è libero di scegliere con chi farlo e fino a quando.

La vita, inoltre, scorre sempre sul flusso del cambiamento. Oggi è inverno, fra tre mesi sarà primavera, poi estate e questo aspetto è presente in ogni cosa. Anche tu non sei il bimbo di tanti anni fa, e neppure l'adolescente, e non sei neanche quello che sarai fra dieci anni. Il cammino di ognuno non è mai certo in una sola direzione, ma nel tempo si cambia persino la destinazione.

Qualcuno che tempo fa avrebbe desiderato trascorrere tutta la vita al tuo fianco ora non più, ed è sparito dalla tua esistenza. Non l'ha preventivato quando ti aveva fatto certe promesse, a suo tempo quelle parole erano vere, ma poi il flusso della vita l'ha portato a cambiare direzione. Ma non per questo non ti ha amato. Pensaci. Pensa a tutte le cose belle che ha fatto per te. Non continuare a soffermarti sul finale.

Te lo ripeto, nessuno conosce il futuro, chi oggi se n'è andato non poteva saperlo, né voleva ferirti. E allora liberati dalla rabbia, dal senso di abbandono e da qualsiasi altro sentimento negativo. Immagino tu abbia fatto di tutto per tenere quella persona nella tua vita, ma lei a un certo punto non ti ha più ricambiato e tu certamente avrai pensato che era una pessima persona.

E invece no. Mi spiace dovertelo dire, ma l'amore non ha bisogno di "fare di tutto": ha bisogno piuttosto di fare le cose che provengono dal cuore e che sentiamo buone e positive per il nostro compagno di viaggio e viceversa; ma soprattutto devono essere fatte spontaneamente, perché si sente il desiderio di donare gioia e serenità senza pretendere nulla in cambio, pur nutrendo il desiderio di essere corrisposti.

Questo stato interiore si può raggiungere solo quando si prova amore per sé stessi e si è coscienti di avere già in sé tutto ciò che serve a realizzare la propria vita. Il partner è un compagno importante del nostro cammino, ma non dobbiamo dipendere da lui e non dobbiamo mai mettere da parte la consapevolezza che sarà lui a prendere le decisioni più giuste per sé.

Mentre scrivo queste frasi sono ben cosciente di quello che stai pensando: utopia, follia. Ma ti capisco, perché sei imbevuto anche tu di limiti e credenze che ti condizionano a tal punto da rendere folle o inarrivabile tutto ciò che non conosci e che ti è oscuro. Ti garantisco però che io questa utopia, che non è tale, l'ho sperimentata nella mia vita e la gioia che ottieni non ha prezzo.

L'amore non è possesso, è desiderio di donare le tue ricchezze interiori alla persona che ami, con la speranza che siano ben riposte e corrisposte, con la consapevolezza che non ha alcun vincolo che la tiene legata a te, che lei è la sola padrona e responsabile della propria vita.

Certo, se dovesse lasciarti sarebbe impossibile non provare dispiacere: chi è colui che rimarrebbe indifferente nell'essere abbandonato dalla persona che ama? Nessuno. Dunque senz'altro proveresti malinconia, smarrimento e mancanza, ma dopo alcuni giorni, settimane o mesi, lavorando su te stesso, sostituiresti tali emozioni con una profonda gratitudine nei confronti di quella persona, per aver compiuto un tratto di strada insieme e avergli lasciato nel cuore la ricchezza del tuo amore.

Strano, eh? Già, ma solo perché la stragrande maggioranza delle persone vive in funzione del proprio ego, che la lega al possesso di cose materiali e addirittura delle persone che amano. Ma questo non è amore, almeno non quello che intendo io.

Pensaci bene: quando hai comprato il nuovo smartphone, quanto è durata la tua felicità? Quando sei amato e corrisposto, la tua felicità quanto dura? Se non sei ricco e completo dentro, suppongo che durerà non più di qualche mese: poi avrai bisogno di nuovi stimoli, di nuove imprese, di nuovi oggetti. Ebbene, quando ami te stesso le cose diventano un piacere e non più una necessità. Sei consapevole che ogni cosa che possiedi ti gratifica, ma se anche non ci fosse vivresti bene lo stesso.

Quando hai amore per te sei invincibile e qualsiasi cosa che attrai è amore puro e incondizionato, perché sai che il tuo viaggio prosegue ugualmente anche senza quella cosa, andando incontro a nuove avventure. Tieni presente che queste mie parole non sono affatto teoria: fanno parte della mia vita e le ho sperimentate con le mie due ultime relazioni, in cui l'amore che ci siamo donati ha vinto sul dolore provato per essere stata tradita e delusa.

Per favore, abbandona i sentimenti di rabbia perché, oltre a tenerti ancora legato a quel rapporto finito, ti causano un ulteriore malessere, come se non bastasse la sofferenza per l'abbandono. Ogni persona importante che entra nella tua vita non è mai un caso: viene a te per un motivo che non sai, ma la cosa certa è che quando se ne va ti lascia qualcosa di sé e porta via qualcosa di te. Dunque è lì per svolgere un compito, e quando lo individui comprendi anche il senso profondo di quell'esperienza, che terrai cara, per non ripetere più gli stessi errori.

Ricorda che in tutte le relazioni c'è sempre qualcosa da salvare, altrimenti non si sarebbero neppure approfondite. Mal che vada, se non ti hanno dato quello che desideravi, ti hanno senz'altro fatto capire quello che non vuoi. Ricordare l'amore che c'è stato, indipendentemente dal finale, fa sentire comunque meritevoli di amore e ridimensiona in un certo qual modo anche la sofferenza, che non è più estesa a tutta la relazione ma solo al periodo che precedeva e ne segnava la fine.

Non solo, anche l'inconscio invia messaggi meno negativi, perché pensare "sono stato preso in giro" ha un peso diverso dal sostenere "soffro perché non mi ama più". Il frutto che ognuno trae dalle proprie esperienze condiziona il presente, il futuro e una prossima ed eventuale nuova relazione. Se vuoi ripartire con il piede giusto, più riesci ad essere obiettivo, superando la rabbia nei confronti dell'ex partner e traendo il meglio dal rapporto stesso, più non subirai strascichi che potrebbero compromettere la tua serenità.

Tieni anche presente che:
- quando ti sottovaluti
- quando ti svaluti
- quando non ti senti mai abbastanza
- quando cerchi il tuo valore nel tuo compagno o nella tua compagna
- quando fai di tutto per farti amare
stai annientando la tua anima, il tuo vero sé.

Purtroppo può succedere che ti trovi a ricercare spasmodicamente il tuo valore al di fuori, anziché dentro di te. Vivi nel bisogno che la persona amata ti apprezzi e ti ami e pur di riuscire a conquistarla fai di tutto, ovvero fai anche cose che per tua natura non ti appartengono. Ma così l'amore si trasforma in un'assurda fatica, perché se non sei tu a darti alcun valore nessuno te lo può riconoscere.

Tempo fa ero innamorata di un ragazzo che abitava lontano dalla mia città. Pur con tutti i chilometri che ci dividevano, era molto presente nella mia vita. Ci sentivamo quotidianamente al cellulare e mi riempiva di attenzioni. In seguito ci vedemmo, tre volte in due anni. Ad ogni incontro c'era molta passione tra noi, ma sul resto lui era davvero molto distante, mentre io facevo di tutto pur di farlo felice, fino ad abusare delle mie forze durante un periodo di malattia.

Inconsapevolmente, iniziavo a percepire il motivo per cui la vita ci aveva fatto incontrare: la sua forte personalità mi turbava a tal punto da farmi sentire come quando ero bambina e desideravo che mio padre fosse contento di me. E, inevitabilmente, "mio padre" non si accorgeva dei miei sforzi. Tutto in me rifletteva il mio malessere fisico e psicologico, ma lui non si era accorto di nulla, troppo preso da sé stesso. Ma che dire, se io per prima avevo preferito annientarmi piuttosto che deluderlo? Come biasimarlo?

In fondo, stava semplicemente rispecchiando quello che io facevo a me stessa. Non mi riconoscevo bisogni né diritti, e mi attribuivo un valore solo quando lui era contento di me. Quella fu l'ultima volta che lo vidi.

Lui mi cercò ancora e per me fu estremamente difficile resistergli, perché aveva un modo unico per farmi sentire importante, passionale, carnale e profondamente sentito, ma allo stesso tempo non mi fidavo più, e facevo bene. Nei periodi di vuoto, dovuti per lo più a nostre discussioni e litigate, frequentava e aveva rapporti intimi con la sua ex; poi tornava da me, apparentemente più innamorato che mai. Questo non una ma ben due volte: l'ultima però gli è andata male. Ormai avevo recuperato l'amore per me stessa e non avrei più permesso a nessuno di portarmelo via. Ero perfettamente cosciente di essere stata amata da lui secondo i suoi limiti, condizionamenti e credenze. Ma le mie, ora, erano altre.

Quando ami qualcuno che non rispetta i tuoi valori e i tuoi principi, non puoi e non devi annullarti. All'amore non occorre, sai? Ognuno ha il suo modo di amare e il proprio viaggio da compiere. Non puoi biasimare nessuno. Puoi solo scegliere se continuare il cammino insieme o proseguire da solo, custodendolo nel cuore: e nel cuore c'è tanto spazio.

Ti riporto le parole di una riflessione bellissima, trovata sul Web, che riassume bene il significato di quanto ho scritto.

Perché la nostra vita è davvero come un viaggio in treno.
Spesso si sale e si scende, ci sono incidenti, a qualche fermata ci sono delle sorprese piacevoli e a qualcun'altra profonda tristezza. Quando nasciamo e saliamo sul treno, incontriamo persone, in cui crediamo, che ci accompagneranno durante tutto il nostro viaggio: i nostri genitori.

Purtroppo accade che... loro scendano in un'altra stazione e ci lascino solo il ricordo del loro amore, senza la loro amicizia e compagnia. Comunque salgono altre persone sul treno, che per noi saranno molto importanti. Sono i nostri fratelli e sorelle, i nostri amici e tutte le persone meravigliose che amiamo. Qualcuna di queste persone che sale considera il viaggio come una piccola passeggiata.

Altri trovano solo tristezza nel loro viaggio. E poi ci sono altri ancora sul treno sempre presenti e sempre pronti ad aiutare coloro che ne hanno bisogno. Qualcuno ci lascia, quando scende, una nostalgia perenne. Qualcun altro sale e ridiscende subito, e lo abbiamo a malapena notato... Ci sorprende che qualcuno dei passeggeri, a cui vogliamo più bene, si segga in un altro vagone e che per questo ci faccia fare il viaggio da soli. Naturalmente non ci lasciamo frenare da nessuno a prenderci la briga di cercarli e di spingerci alla loro ricerca sul loro vagone.

Purtroppo qualche volta non possiamo accomodarci al loro fianco, perché il posto vicino a loro è già occupato. Non fa niente, così è il viaggio: pieno di sfide, sogni, fantasie, speranze e addii ma senza ritorno... Cerchiamo di fare il viaggio nel miglior modo possibile. Cerchiamo di andare d'accordo con i nostri vicini di viaggio e cerchiamo il meglio in ognuno di loro.

Ricordiamoci che in ogni fase del tragitto uno dei nostri compagni di viaggio può vacillare e possibilmente ha bisogno della nostra comprensione. Anche noi vacilleremo spesso e ci sarà qualcuno che ci capisce.

Il grande mistero del viaggio è che non sappiamo quando scenderemo definitivamente, e tantomeno quando i nostri compagni di viaggio lo faranno, neanche colui che sta seduto vicino a noi... mi dispiacerà tanto quando scenderò per sempre dal treno...

Sì, lo so, già la separazione da tutti gli amici che ho incontrato durante il viaggio sarà dolorosa, lasciare i miei cari da soli sarà molto triste. Ma ho la speranza che prima o poi arrivi alla Stazione Centrale e ho l'impressione di vederli arrivare tutti con un bagaglio che quando erano saliti sul treno ancora non avevano.

Ciò che mi rende felice è il pensiero che anche io avrò contribuito ad aumentare e arricchire il loro bagaglio impreziosendolo. Voi, tutti i miei amici, facciamo il possibile per far sì che si faccia un buon viaggio e che alla fine ne sia valsa la pena.

Mettiamocela tutta per lasciare, quando scendiamo, un posto vuoto che lasci tenerezza, amore e bei ricordi in coloro che proseguono il viaggio.

39

Quello su cui ti focalizzi di più crea la tua realtà perché, se ci fai caso, ogni giorno agisci in conseguenza a quello che pensi. Se ti concentri sul malessere che provi, piuttosto che focalizzarti sulla sua risoluzione, la sofferenza aumenta. Per esempio, se sei stato lasciato dal partner e continui a pensare che senza di lui non puoi più vivere, è proprio questo che otterrai.

Pensaci bene: per quale motivo non stai dando importanza alla tua vita? Perché dai il compito, il peso, l'onere, il diritto e il potere di renderti felice a qualcosa o a qualcuno che è fuori di te? Ci rifletti mai su questo aspetto? Pensandola in questo modo non sarai mai felice, perché ci saranno sempre ostacoli che non dipendono da te.

È proprio questo che vuoi? Sii sincero, poniti questo interrogativo a voce alta: "Voglio dipendere dagli altri e da determinate cose che sono al di fuori di me?". Quando provi emozioni negative per qualche causa esterna, per favore ripeti a te stesso questa domanda. Sii tenace, perché più volte lo farai, più ne assumerai consapevolezza; e di conseguenza, piano piano, poco per volta, quest'ultima invierà segnali all'inconscio, che troverà il modo per farti uscire dalla gabbia che tu stesso hai costruito.

Come ultimo argomento di questo capitolo, voglio prendere in esame due frasi che ho precedentemente scritto:

"Ogni persona importante che entra nella tua vita non è mai un caso: viene a te per un motivo che non sai, ma la cosa certa è che quando se ne va ti lascia qualcosa di sé e porta via qualcosa di te. Dunque è lì per svolgere un compito, e quando lo individui comprendi anche il senso profondo di quell'esperienza, che terrai cara, per non ripetere più gli stessi errori.
Ricorda che in tutte le relazioni c'è sempre qualcosa da salvare, altrimenti non si sarebbero neppure approfondite. Mal che vada, se non ti hanno dato quello che desideravi, ti hanno senz'altro fatto capire quello che non vuoi."

Ora vorrei analizzarle meglio con te e farti considerare un ulteriore aspetto a cui sono giunta.

Ci sono rapporti nei quali, nessuno ama veramente. Sono quelli in cui, in qualche "modo" più o meno "perfido/infido", coscientemente, o al contrario incosciamente, l'uno é "succube" o in potere dell'altro. E molto probabilmente, se stai leggendo questo libro, e hai una relazione di questo tipo, é facile che tu possa essere il primo da me menzionato, ovvero colui che é in balia del partner, perché il secondo è difficile che possa mettersi in discussione, seppur non impossibile.

Da cosa te ne puoi accorgere? Perché non stai bene nella relazione e gli attimi in cui lo sei stato sono davvero pochissimi. É particolarmente difficile per me scrivere queste parole perché é qualcosa che ho realmente/recentemente vissuto e riportarlo in superficie non è affatto facile, tanto è vero che è emersa la necessità, proprio nell'ultimo step di questo libro, dove sarebbe bastato un mio "ok", per renderlo definitivo.

Ma fin dall'inizio di questo capitolo c'era qualcosa che mi "stonava" e in cuor mio sapevo anche cosa, ma erano talmente tanti gli argomenti di cui volevo parlare ed altrettanto cosi emotivamente "impegnativo" focalizzarmi su tale aspetto, che ci sono passata sopra. Fino a quando ho potuto.

Per correttezza nei confronti di te lettore e di tutte le persone che già mi seguono sulla mia Pagina Facebook, ora é giunto il momento di aprire quell'ultima porta del mio passato, che avevo serrato e che dava accesso libero ad un punto della stanza ancora rimasta al buio.

Quel ragazzo che ho frequentato, di cui ti ho precedentemente parlato, anche se non è di lui che voglio parlarti, perché seppur in questa "storia" lui sia protagonista quanto me, io sono responsabile della conduzione della mia vita e in quanto tale, i riflettori sono puntati sulla mia persona.

Ti ho già detto che in poco tempo ne diventai "dipendente" mettendo a repentaglio la mia stessa vita. Ma l'aspetto ancor più terribile è che in questo rapporto io ci stavo davvero male, ma d'altro canto stavo male anche senza di lui.

Mi faceva fare delle cose che non rispettavano la mia essenza, che non corrispondevano alla mia natura fondamentalmente "dolce e romantica", ma che sentivo necessarie e obbligatorie al fine di "guadagnarmi" il suo amore, perché tra noi vi era una specie di "tacito, implicito e subdolo accordo": si trattava di una relazione in cui se di amore si può parlare e ora ne ho i miei seri quanto legittimi dubbi, tale amore era subordinato al soddisfacimento dei suoi bisogni e a completo discapito del mio benessere.

Era lampante quanto stessi male e come ho già riportato prima, era lampante anche quanto lui non se ne fosse accorto, seppur la nostra relazione mi riportasse indietro a rivivere qualcosa che avevo già vissuto con mio padre durante l'infanzia.

A parte tutti questi aspetti ora vorrei considerarne un altro davvero importante: se qualcuno ti mostra amore e attenzioni solo quando "sopprimi" la tua essenza per adeguarti alla sua e a quello che desidera da te, mi spiace ma al di là di tutto non é amore. Da nessuna delle due parti.

E' una mia consapevolezza questa e la voglio immediatamente condividere anche con te. Perché l'amore fa bene, non causa male, o se lo fa, poi esce di scena.

Non fa un "tira e molla", non ti fa subire le pene dell'inferno, (simbolicamente parlando), non ti tiene sulle spine, non fa il brutto e il cattivo tempo, non ti manda dalle stelle alle stalle, nè viceversa: insomma non ti procura un dolore sottile e costante.

Una relazione è d'amore quando il benessere è reciproco, altrimenti, per la controparte rappresenta la soddisfazione del proprio ego e dalla tua, la punizione che ti autoinfliggi per i più svariati motivi.

Te ne elenco soltanto due tra i più importanti: mancanza d'amore per te e paura di fermarti a riflettere, per assumere consapevolezza di quel vuoto d'amore ancora presente nella tua vita, risalente al tuo passato, con cui non vuoi più essere in contatto.

Eppure è lì la soluzione: ascoltare quel vuoto, darle voce, per poi lasciarlo andare.

Dunque se per caso stai vivendo una relazione in cui stai male e fai di tutto per ricevere briciole di quello che pensi possa corrisponderle, sappi che solo per il fatto che stai male e la controparte non muove un dito per procurarti del benessere, né tu né lui vi state amando.

Tu stai evitando di affrontare il mostro più insidioso: la paura del vuoto e della solitudine e lui sta amando sé stesso. Si tratta di una relazione senza alcuna fondamenta su cui poggiarsi per definirsi amore. Per favore: lasciala andare, chiudila, perché può sfociare in qualcosa di ancora peggiore.

Sappi che se è venuta a te ha il suo perché.

In genere relazioni di questo tipo, hanno lo scopo di attirare la tua attenzione, per farti riconoscere, affrontare e poi superare quel sordo e cieco dolore che ancora ti trascini dietro: quello di non meritare di essere amata per quella che realmente sei.

E' quello che è successo a me: non volevo vedere né sentire quel vuoto. Ma ad un certo punto della relazione fui costretta ad urlare seppure in silenzio: *"o lui o me"*.

Ebbene, ho scelto me e sono felicissima di aver preso la decisione più sensata della mia vita. Ora sì che posso aprire quella finestra e anche grazie a te caro lettore, che me ne hai dato la possibilità attraverso questo libro.

Segui le indicazioni che ti ho già fornito che, aggiunte a quelle che troverai nei successivi capitoli e alla consapevolezza di cosa sia davvero l'amore, ti aiuteranno notevolmente a venirne fuori.

Perché ne verrai fuori, ne sono sicura. Inizia a crederci anche tu e vedrai. Sei un essere speciale ed in quanto tale, meriti tutto l'amore che stai cercando. Ma prima devi ritrovarlo in te.

RIEPILOGO DEL CAPITOLO 1:

- SEGRETO n. 1: Per amarti hai bisogno di fare pace con la tua infanzia e il tuo passato: cerca di comprendere che quella sofferenza non ti è stata causata volontariamente, ma per credenze e limiti appresi. Ripercorrendo la tua infanzia, porta alla mente anche quegli episodi positivi che hai vissuto e che probabilmente hai rimosso per effetto del dolore: ti aiuteranno a ridimensionarlo e a ridurre ulteriormente i suoi strascichi.

- SEGRETO n. 2: Anche tu hai dei programmi autosabotanti preinstallati, in caso contrario ti ameresti: recupera una tua vecchia foto di te bambino, prenditi cura di lui, comunicagli che ti dispiace per tutto il male che ha ricevuto, lui contiene la tua parte originale ed è collegato con l'energia universale e divina, con Dio, quel luogo interiore dove puoi compiere piccoli miracoli.

- SEGRETO n. 3: Ogni persona importante che incontri nella tua vita e con cui entri in relazione non è mai un caso, è lì per svolgere un compito: cerca di scoprire quale, perché può darti il senso profondo di quell'esperienza. Inoltre, sii grato al tuo ex compagno per aver scelto di compiere un tratto di cammino con te.

- SEGRETO n. 4: Se non sei tu il primo a darti valore, nessuno te lo può riconoscere; l'amore è complicità, non un monologo. Quando ami qualcuno che non rispetta i tuoi valori e principi, non puoi e non devi annullarti. All'amore non occorre, sai? Trova l'insegnamento positivo di quell'esperienza e lavoraci. È fondamentale per riuscire a rinunciare alle briciole in cambio dell'amore per te stesso.

- SEGRETO n. 5: Ogni volta che provi malessere per qualcosa o qualcuno di esterno, poniti questa domanda: "Per quale motivo non sto più dando importanza a me stesso e alla mia vita? Perché do il compito, il peso, l'onere, il diritto e il potere di rendermi felice a qualcosa o a qualcuno all'esterno? Davvero voglio dipendere dagli altri o da determinate cose che sono al di fuori di me?". Fallo costantemente, deve diventare un'abitudine.

Capitolo 2:
Come credere in te stesso

Come ti ho già accennato all'inizio, ho vissuto tanti anni nell'insicurezza più profonda. In realtà sopravvivevo, perché mi ero arresa a una vita che non mi apparteneva più. Durante il giorno mi attaccavo come una calamita al lavoro in azienda, che svolgevo diligentemente e che mi permetteva di distrarmi dai miei tormenti interiori; la sera mi barcamenavo tra cena e faccende domestiche e nel weekend mi occupavo della spesa, dei compiti di scuola dei figli e di ogni altra incombenza.

Alla fine della giornata, intorno a mezzanotte, mi coricavo stremata, sapendo che il giorno seguente sarebbe stato identico al precedente. Una vita totalmente impostata sui doveri e sulle responsabilità e il piacere non sapevo neppure più cosa fosse.

Poi d'improvviso un fibroma all'utero di oltre 8 centimetri di diametro, ovviamente da me trascurato (per motivi di lavoro e di gestione della famiglia), spezzò il mio solito ménage e, a seguito di frequenti e violente emorragie, nel giro di pochi giorni fui operata di isterectomia con salpingectomia. Sembrava fosse un ricovero di pochi giorni, ma l'intervento ebbe delle serie complicanze e da qui in poi cominciò il mio calvario, che mi sottopose a ben altri cinque interventi chirurgici nel giro di cinque mesi abbondanti di ricovero ospedaliero.

Se prima avevo creduto di vivere in un incubo, in seguito al ricovero ebbi modo di ricredermi, perché la vita in ospedale è peggio del purgatorio. Se poi, come me, sei costretta a trascorrerci diversi mesi, volente o nolente dipendi totalmente dai medici, che però hanno sempre troppa fretta perché la struttura è a corto di personale: così sono obbligati a turni massacranti e i pazienti continuano ad essere sempre troppi, mancano i letti e alcuni vengono persino collocati nei corridoi in attesa che si liberi un posto.

Il tempo in ospedale sembra non passare mai, ti svegliano alle 5 e un quarto per misurare la febbre, poi alle 6 passano le infermiere per le pillole, alle 6:40 arriva la colazione, alle 7:30 è il turno della flebo e poi quello dei medici. A mezzogiorno per te potrebbero essere già le 18, invece è solo l'ora di pranzo. Assisti inerme al dolore altrui, tu stessa provi una sofferenza diversa dalla solita e persino quella vita che conducevi prima, così improntata sui doveri e sulle responsabilità, d'improvviso ti appare stupenda.

La sveglia alle 6 del mattino, la fila in tangenziale per recarti in ufficio, tutte quelle ore davanti al computer e persino il momento in cui, completamente stremata, ti coricavi nel tuo letto ti sembrano addirittura momenti fantastici. Qui invece tutto ti appare sotto un'altra luce e prospettiva, perché in quel periodo godevi di buona salute e senza di quella tutto perde qualsiasi importanza.

Nel frattempo fai amicizia con altre persone ricoverate, alcune delle quali in situazioni ancora peggiori della tua, chi circondata dall'affetto e dalle cure dei familiari e chi completamente sola e abbandonata a sé stessa. Se non avessi mai avuto l'occasione di scoprirlo prima, l'ospedale è quel luogo in cui davvero ti rendi conto che la salute e l'amore sono le uniche cose fondamentali della vita, senza le quali tutto il resto non ha proprio alcun valore.

La vita ospedaliera ti cambia, diventi ancora più sensibile al dolore altrui, e se prima non ci avessi ancora pensato, quasi convinta di poter vivere in eterno, qui ti rendi davvero conto che nessuno può mai sapere quando calerà il proprio sipario, e le tue priorità all'improvviso non sono più quelle di prima.

Quando sei così fortunato come me da veder terminare il tuo purgatorio in pochi mesi, concedendoti finalmente l'opportunità di riprendere il controllo della tua vita, ahimé, non sei più abituata al ritmo frenetico di un tempo e fai un'enorme fatica ad adattarti, perché non condividi più tutte quelle ore chiusa in un ufficio a fare attività che non ti piacciono, non condividi neanche la lotta per dimostrare chissà che cosa e a chi, ormai ti senti estranea a tutto questo e non riesci a trovargli un senso.

Se parli con qualcuno di questo disagio, ti guarda subito con gli occhi sbarrati e ti risponde di considerarti fortunata e di pensare alla fine del mese perché, vista la crisi che sta attraversando il nostro Paese, avere un lavoro è una grande fortuna, e quindi dovresti anche sentirti in colpa di desiderare qualcosa di meglio. Ma ti rendi conto che proprio non ce la fai, perché sai che il tempo non aspetta nessuno, quello andato è fuggito e quello che ti resta è davvero importante, perché ormai sei consapevole che il tempo è prezioso, è la pura sostanza della vita.

Forse fa parte della nostra cultura adattarci a "quello che passa il convento"; ma guadagnarsi lo stipendio, utilizzando gran parte del proprio tempo per fare qualcosa che non dà più stimoli solo per riuscire a pagare bollette, cibo, tasse e spese varie senza che ti resti più niente, può farti stare bene?

Per te ora il tempo è diventato cruciale, desideri dargli qualità perché sei consapevole che non sai davvero quanto te ne resta e, finché è ancora nelle tue mani, vorresti impiegarlo sentendoti utile, ascoltando il cuore che ancora palpita di emozione, senza dover attendere inesorabilmente che le lancette dell'orologio si posizionino sulle 18 spaccate per uscire dall'ufficio.

Stavo appunto cercando di riprendere in mano la mia vita e di capire come poter dare un senso più profondo alla gestione del mio tempo quando un giorno, per caso, incontrai un vecchio amico, andammo a prenderci un caffè e iniziò a farmi delle confidenze, ovvero che stava attraversando un periodo delicato ed era in depressione; a me non sembrava affatto un caso, così decisi di stargli vicino.

Ci frequentammo per un po', gli diedi dei consigli, cercavo di essergli di conforto, insomma facevo tutto ciò che mi era possibile senza però rendermi conto che purtroppo lui si stava attaccando troppo a me; finché un giorno si comportò in modo, per così dire, anomalo, mettendomi in difficoltà con i miei figli. A quel punto decisi di allontanarlo subito e lo pregai di dimenticarmi, convinta di poter ritrovare la pace, ma non sapevo ancora cosa mi stesse aspettando.

Il giorno seguente ricevetti una telefonata dalla Polizia ferroviaria e stentai a credere a quello che mi stavano dicendo: di colpo il mondo mi cadde addosso, il cuore sembrava uscirmi dal petto e la testa girava su sé stessa. Non si muore una sola volta, la vita ti uccide diverse volte prima che tu trovi la forza per farla volgere in una direzione più adatta a te. Beh, quello fu uno dei colpi più violenti che potesse infliggermi. Ne avevo già passate tante, ma un suicidio a causa mia ancora no, non mi era mai capitato.

Mi recai di fretta e furia sul luogo e quello che vidi mi agghiacciò. Per fortuna il mio amico sopravvisse, anzi per miracolo, a quanto riportarono i giornali locali, perché la velocità del treno era piuttosto elevata e difatti i suoi effetti personali si erano disintegrati nell'impatto; ma a volte la vita ti concede ancora delle opportunità, affinché tu possa finalmente scoprire le tue risorse e darle una direzione più consona ai tuoi desideri.

In realtà era proprio questo il mio problema: non mi ritenevo ancora abbastanza meritevole da riuscire a realizzare i miei desideri, però da questa esperienza avevo ben chiaro cosa non volessi più: trovarmi in situazioni del genere e in tutte le altre circostanze difficili che avevo già faticosamente superato. Volevo assolutamente andare altrove, ma non c'erano cartelli stradali ad indicarmi la mia destinazione.

Di punto in bianco, presa più dalla disperazione che da altro, feci la prima cosa istintiva che mi venne in mente: comprai un libro di Massimo Gramellini, "Fai bei sogni". L'hai mai letto? Se ne hai la possibilità ti consiglio di farlo: narra la storia di un segreto celato in una busta per quarant'anni. Un bambino, poi adulto, imparerà ad affrontare il dolore più grande, la perdita della propria mamma, e il mostro più insidioso: il timore di vivere.

Il protagonista è una persona che cammina sulla punta dei piedi e a testa bassa, perché il cielo lo spaventa e allo stesso modo la terra. Esattamente come camminavo anch'io. Preferivo ignorare la verità per non soffrire, per non guarire, altrimenti avrei potuto diventare quello che avevo paura di essere: completamente viva. Ho divorato il libro in mezza giornata e poi ho cominciato a piangere disperatamente, senza riuscire a smettere per ore. Quel libro mi aveva smosso un maremoto interiore, che non riuscivo più a controllare.

A questo proposito ti riporto un passaggio molto significativo tratto da "Dejame que te cuente", dello scrittore argentino Jorge Bucay, su cui t'invito a riflettere: leggi attentamente questa scena e poi immaginala proiettata nella tua vita.

Quando ero piccolo adoravo il circo, mi piacevano soprattutto gli animali. Ero attirato in particolar modo dall'elefante che, come scoprii più tardi, era l'animale preferito di tanti altri bambini.

Durante lo spettacolo quel bestione faceva sfoggio di un peso, una dimensione e una forza davvero fuori dal comune, ma dopo il suo numero, e fino a un momento prima di rientrare in scena, l'elefante era sempre legato a un paletto conficcato nel suolo, con una catena che gli imprigionava una delle zampe. Eppure il paletto era un minuscolo pezzo di legno piantato nel terreno soltanto per pochi centimetri. E anche se la catena era grossa e forte, mi pareva ovvio che un animale in grado di sradicare un albero potesse liberarsi facilmente di quel paletto e fuggire.

Era davvero un bel mistero.
Che cosa lo teneva legato, allora? Perché non scappava?
Qualcuno mi spiegò che l'elefante non scappava perché era ammaestrato.
Allora posi la domanda ovvia: «Se è ammaestrato, perché lo incatenano?». Non ricordo di aver ricevuto nessuna risposta coerente.

Per mia fortuna, qualche anno fa ho scoperto che qualcuno era stato abbastanza saggio da trovare la risposta giusta: «L'elefante del circo non scappa perché è stato legato a un paletto simile fin da quando era molto, molto piccolo».

Chiusi gli occhi e immaginai l'elefantino indifeso appena nato, legato al paletto. Sono sicuro che, in quel momento, l'elefantino provò a spingere, a tirare e sudava nel tentativo di liberarsi. Ma nonostante gli sforzi non ci riusciva perché quel paletto era troppo saldo per lui. Lo vedevo addormentarsi sfinito e il giorno dopo provarci di nuovo e così il giorno dopo e quello dopo ancora.

Finché un giorno, un giorno terribile per la sua storia, l'animale accettò l'impotenza, rassegnandosi al proprio destino. L'elefante enorme e possente che vediamo al circo non scappa perché, poveretto, crede di non poterlo fare. Reca impresso il ricordo dell'impotenza sperimentata subito dopo la nascita. E il brutto è che non è mai più ritornato seriamente su quel ricordo. E non ha mai più messo alla prova la sua forza, mai più...

Proprio così, Demiàn. Siamo un po' tutti come l'elefante del circo: andiamo in giro incatenati a centinaia di paletti che ci tolgono la libertà. Viviamo pensando che "non possiamo" fare un sacco di cose semplicemente perché una o più volte ci abbiamo provato ed abbiamo fallito.

Allora abbiamo fatto come l'elefante, abbiamo inciso nella memoria questo messaggio: non posso, non posso e non potrò mai.

Quando a volte sentiamo la stretta dei ceppi e facciamo cigolare le catene, guardiamo con la coda dell'occhio il paletto e pensiamo: "non posso, non posso".

Jorge fece una lunga pausa. Quindi si avvicinò, si sedette sul pavimento davanti a me e proseguì: «L'unico modo per sapere se puoi farcela è provare di nuovo, mettendoci tutto il cuore... tutto il tuo cuore!».

Questo è quello che è successo a te e prima ancora a me. Ti sei convinto che certe cose siano impossibili da realizzare, perché tempo fa qualcuno e qualcosa ti ha messo i bastoni tra le ruote e ogni tuo tentativo di liberarti è stato vano; così, a un certo punto, hai smesso di credere e di provare. Si tratta di esperienze che, ben lontane dall'arricchirti mentalmente, ti rendono molto più che prudente: sopravvivi anziché vivere. Così ti obblighi a vivere nel quotidiano, nella zona di comfort, con questa subdola sofferenza che non ti dà tregua ma che sopporti.

No, io dopo l'ultima esperienza non potevo proprio più continuare così e, spinta dalla disperazione, ho urlato a gran voce "basta, ora davvero basta". Ero decisa ad agire e dovevo fare assolutamente qualcosa, perché la vita era mia e solo mia.

Solo immergendomi nella sofferenza stessa, entrando in quella stanza buia e senza finestre del mio animo, ho iniziato ad analizzarlo, osservando tutto quello che c'era dentro. Purtroppo non c'è altra via, il malessere che provi ti sta comunicando qualcosa di molto importante: ti sei allontanato da te stesso e quello che vedi intorno a te, ovvero tutto ciò che è presente nella tua vita, i rapporti, la casa, il lavoro, i problemi, gli intoppi, i contrasti, sono gli stessi che hai nell'animo, che si riflettono al di fuori.

Credimi, non è il contrario: tu non stai male perché non hai il lavoro, l'amore, i soldi, la casa o qualsiasi altra cosa. Stai male perché ti sei allontanato dal tuo cuore, hai cercato di metterlo a tacere, perché un giorno qualcuno ti ha detto che quello in cui credevi era impossibile. Ci hai provato e riprovato ma non è servito a niente, così ti sei sentito un fallito e hai smesso di provarci, fino ad arrenderti e perdere il tuo vero sé.

Devi assolutamente comprendere che al di là dei torti e delle ragioni, dei problemi che ti trovi ad affrontare, delle colpe e degli errori altrui e di qualsiasi altro motivo, scusa o giustificazione, tu sei comunque il responsabile della tua vita e di quello che hai intorno, perché l'hai creato tu con i tuoi pensieri e, in secondo luogo, perché solo tu hai la piena responsabilità di renderla migliore, almeno da questo momento in poi.

È a te stesso che dovrai rendere conto, quando un domani avrai ottenuto quello che desideri o non ci sarai riuscito, se avrai pienamente vissuto o soltanto sopravvissuto, adattandoti sempre più a una vita che non ti appartiene. Finché attribuisci a fattori esterni la causa di tutto il tuo dolore, non assumi il comando della tua vita perché sei in una posizione d'impotenza: non puoi cambiare qualcosa che è al di fuori di te.

Ma credimi, puoi cominciare a cambiare tutto quello che non ti piace esclusivamente agendo su te stesso e piano piano ti renderai conto che anche quello che è al di fuori di te cambierà in relazione a quello che sarai diventato dentro di te. Te lo garantisco perché è quello che è successo a me, dopo che per tanti anni ho lottato contro i mulini a vento e i problemi, invece di dissolversi, si moltiplicavano.

Per favore, provaci: te lo chiedo con tutta l'anima, perché ci sono passata prima di te e a suo tempo non ho trovato nessuno che mi spiegasse come fare. Ci sono dovuta arrivare da sola, passo dopo passo. Non devi concentrarti sui problemi che hai intorno, fuori di te: devi credere nel tuo cuore ed investire su te stesso. Sì, su di te, hai capito benissimo, e ora non trovare scuse, non pensare a tutte le volte che hai cercato di fare qualcosa e hai fallito, o che non sai da dove cominciare. Nemmeno io lo sapevo, sai?

Ero insicura, oppressa, pesante. In passato non ho mai esaltato alcuna mia qualità ma ero sempre molto attenta ad ogni mio difetto, mi creavo anche quelli che non c'erano e li proiettavo sul mio corpo vedendomi troppo grassa ma con le braccia magre, il seno cadente, i capelli troppo sottili ed ogni altro aspetto negativo che mi riusciva ci trovare, fino ad ammalarmi di anoressia, bulimia e infine di attacchi di panico.

La vita stava cercando di dirmi che era arrivato il tempo di occuparmi di me stessa, ma io ancora non le davo pienamente ascolto. Ancora una volta, avevo messo al primo posto il mio amico piuttosto che me stessa e la mia famiglia, mi ero presa cura di lui senza curarmi di quello che faceva bene a me. Cercavo di fare la crocerossina (dote che sento nell'anima) senza più occuparmi di me stessa, ma finché non mi sono decisa a farlo non sono mai riuscita ad uscire completamente dal tunnel.

Solo in un secondo momento, accettando di entrare in quella stanza buia, ho potuto riconoscere quello che non funzionava a dovere. Il buio era talmente profondo che non riuscivo davvero a vedere cosa ci fosse in quel mio spazio interiore: ma ho imparato ad ascoltare che cosa provavo, tutte quelle emozioni negative che mi portavano sulla strada sbagliata, quei limiti e convinzioni sabotanti che mi spingevano nella direzione opposta a quella che desideravo.

Solo dopo essere riuscita ad individuare ogni aspetto interiore che si opponeva a quello che desiderava il mio cuore, lavorandoci con impegno e senza farmi abbattere dalle difficoltà, ho finalmente potuto conquistare l'amore e un'esistenza piena e autentica che, se seguirai miei consigli, consentirà anche a te di tenere i piedi per terra senza smettere di alzare gli occhi al cielo. La vita è un bene prezioso, un valore sacrosanto che per nessuna ragione al mondo deve essere sprecato.

Quando sei particolarmente giù di morale ti consiglio di ricordarti che ognuno di noi è il premio di una competizione durissima, l'incredibile corsa che uno spermatozoo deve affrontare per fecondare l'ovulo. A questo proposito, ti invito a guardare questo video davvero toccante sul miracolo della vita https://www.youtube.com/watch?v=nKlkZlgP7Wk.

Milioni di spermatozoi competono tra di loro e allo stesso tempo devono affrontare, su un terreno infido, armate di anticorpi e mille altre avversità per raggiungere il loro unico scopo. Solo uno di loro ce la farà. Quello spermatozoo ovviamente sei tu, è la tua origine: e anche se non ti sto dicendo niente di nuovo, ci rifletti mai su questo incredibile fenomeno?

Da questo dovresti comprendere il valore della vita, che è insito in ognuno di noi e prescinde dalla sofferenza che proviamo. Il problema è che tu ti identifichi nella sofferenza, ma in realtà non sei quella sofferenza: sei altro, molto altro, ma non lo ricordi più.

La verità è che la tua esistenza, come del resto la mia e quella di qualsiasi altro essere umano, è una minuscola parte dell'universo, unica e irripetibile, e solo per il fatto di esserci hai già acquisito un grande valore. Ma c'è qualcosa di ancora più meraviglioso. Se sei riuscito a vincere su tutti gli altri spermatozoi, affrontando e superando tante difficoltà, significa che sei assolutamente idoneo ad affrontare e superare tutti i problemi e le difficoltà della vita terrena.

Inoltre, anche nell'utero di tua madre, per nove mesi ti sei formato da solo fino a diventare un neonato. Dunque perché mai non dovresti avere tutte le carte in regola e le risorse necessarie per condurre un'esistenza serena e gratificante? Pensaci seriamente: come avrebbero mai potuto Dio o l'universo darti il dono della vita e lasciarti sprovvisto di mezzi per affrontarla? Tutto è uno straordinario miracolo e anche tu lo sei, sei della stessa energia dell'universo, perciò niente è davvero impossibile a meno che tu stesso non ne sia convinto.

Se ci pensi bene, questa teoria vale per qualsiasi cosa tu decida di fare. Non a caso il grande Henry Ford lo esprimeva in modo chiaro in questa frase: "Che tu creda di farcela o no, avrai comunque ragione". Dunque, se tu sei un miracolo, per quale motivo non dovresti essere in grado di compiere miracoli?

Attenzione, non sto dicendo che devi trasformarti in un mago o ricorrere a chissà quali artifici, ma solo che anche tu, come me, puoi compiere piccoli miracoli nella tua vita per renderla quella che desideri, per ritrovare il tuo autentico sé interiore, quello per cui sei in questo mondo e ti distingui da qualsiasi altro essere vivente.

Il malessere che provi ti vuole comunicare solo questo, credimi: che ti sei allontanato da te stesso allineandoti alla massa, a quelli che si lamentano per tutta la negatività della propria vita senza mai pensare a una vera soluzione, oppure la cercano al di fuori, esprimono il peggio di sé e lo riflettono all'esterno.

Inoltre, ti invito ad andare su Internet per scoprire quante sono le persone che malgrado limiti fisici quasi inimmaginabili hanno ottenuto ciò che desideravano. Ora ti faccio qualche chiaro esempio.

Nick Vujicic, australiano, ha 32 anni, una moglie bellissima dal 2012 e il 13 febbraio 2013 la coppia ha avuto anche un figlio, Kiyoshi James Vujicic. Una vita normalissima come quella di tanti suoi coetanei se non fosse per il fatto che Nick è nato, a causa di una malattia congenita ovvero della tetramelia, senza braccia né gambe. Dispone di un unico prolungamento, per così dire, quella che lui chiama "la mia zampa di gallina": una specie di moncherino che spunta sul lato sinistro del busto al posto di quella che doveva essere la gamba, grazie al quale è in grado di pilotare una sedia a rotelle o di "camminare".

Chiunque al posto di Nick si sarebbe arreso a un probabile destino di tristezza e dolore: lui invece riesce a condurre una vita normalissima (fa surf, gioca a golf, fa la spesa e così via) anche se, ovviamente, necessita di un assistente per quei movimenti che da solo non può fare, come salire sulla carrozzina. Tuttavia, per la maggior parte delle sue attività, Nick è del tutto indipendente. Nei suoi discorsi ripete molto spesso: "Tutti facciamo errori, ma nessuno è un errore. Dovete osare di sognare. Dovete osare di aver fede, credere nell'amore, nella verità, nei principi. Prendete un giorno alla volta, e non arrendetevi mai!".

O la storia di Kayla Montgomery, una studentessa diciottenne del North Carolina che pur avendo la sclerosi multipla, una malattia degenerativa tremenda, sfidando ogni legge della scienza e quasi per miracolo riesce a gareggiare in competizioni nazionali, ottenendo ottimi risultati. La sua storia ha dell'incredibile per forza di volontà, determinazione, passione e grinta.

Questi sono solo due esempi, ma cercane altri, li trovi anche su YouTube o su Facebook, dove molti raccontano la singolare e particolare storia della loro vita. Prendi gli spunti che ti occorrono, immedesimati in loro, cerca in te quelle risorse che ti possono far ottenere quello che desideri: ce l'hai ancora, sai? Guarda nei loro occhi, ascolta il suono della loro voce e ti accorgerai che si sente il cuore. È solo il tuo cuore che può donarti appagamento e amore per la vita.

Immagina se quelle persone, con quei limiti fisici tanto difficili, si fossero soffermate sul problema. Come sarebbero mai riuscite ad ottenere il loro scopo? Ecco il motivo per cui sei bloccato: perché ti sei fermato sui limiti e non sulle opportunità.

Le nostre capacità interiori sono tante e meravigliose, ma spesso noi le autosabotiamo. Fin da piccoli veniamo bombardati da nozioni, concetti, esperienze positive e negative: la nostra mente li interpreta, il nostro inconscio ne fa memoria e queste memorie programmate restano lì, dentro di noi, e ci condizionano nelle scelte che facciamo, nei pensieri, nelle azioni e nei risultati che otteniamo.

Continuando a credere di non farcela, gettiamo benzina sul fuoco delle convinzioni che ci limitano piuttosto che sulle capacità che ci potenziano. Gli esempi di coraggio, di determinazione, di forza sono intorno a noi, nelle vite di chi sfrutta le potenzialità personali senza filtri inconsciamente posti dalla nostra mente. La forza del nostro pensiero, allineato alle convinzioni che ci rendono più sicuri di noi stessi, può generare risultati straordinari.

Ti consiglio di leggere il libro dello scienziato e biologo Bruce Lipton, "La biologia delle credenze", nel quale dimostra in modo semplice e chiaro che ciò in cui crediamo ci rende ciò che siamo, e che non è il nostro DNA a determinare la nostra vita e la nostra salute. In alternativa, puoi ascoltare l'audio-lettura a questo indirizzo: https://www.youtube.com/watch?v=aDuYd4h1rAY.

Lipton dice: "L'ambiente, i nostri pensieri e le nostre esperienze determinano ciò che siamo, il nostro corpo e ogni aspetto della nostra vita". In sostanza, se tu riuscissi a dirigere i tuoi pensieri verso ciò che desideri la tua vita prenderebbe la direzione che vuoi. Dunque devi cominciare a riconoscere gli atteggiamenti che ti stanno ostacolando e sostituirli con quelli che invece ti agevolano e ti valorizzano.

Per esempio, se vuoi migliorare l'ambiente di lavoro ma pensi "tanto i miei colleghi sono fatti così", stai alimentando il pensiero limitante. Oppure, se vuoi cambiare lavoro ma pensi "c'è troppa crisi", stai ponendo un limite alle tue possibilità. Perché la cabina di regia che alimenta ogni tua azione si chiama mente e la stessa crea sia il pensiero virtuoso, sia quello vizioso.

Devi insomma ripulire il tuo spazio interiore da tutto ciò che ti impedisce di realizzare i tuoi sogni, e in questo puoi e devi farti aiutare anche dal te stesso bambino, come ti ho già spiegato nel primo capitolo. Proprio attraverso quell'essere puro ed entusiasta, la sua spensieratezza, i suoi sogni, i suoi talenti e le sue più grandi aspirazioni potrai arrivare a manifestare la vita che desideri, quella per cui se nato e che darà un senso profondo alla vita stessa.

È in quel bambino l'amore incondizionato, nei primi tre-cinque anni della tua vita, quando facevi tutto senza condizioni e amavi chiunque fosse gentile con te. Dopo che avrai imparato a sentire la sua presenza in te quotidianamente, nel modo che ti ho già spiegato, arriverà un momento in cui ti verrà spontaneo chiedergli come risolvere un problema: e se attenderai con fiducia, prima o poi riceverai le sue risposte.

Mi raccomando, dev'essere un rapporto di assoluto affidamento tra voi due. Non raccontarlo a nessuno fintanto che non avrai compreso ciò che il tuo antico te stesso ha da dirti, perché le opinioni altrui potrebbero condizionarti, riportarti indietro e far riemergere le vecchie convinzioni autosabotanti. Solo in seguito, quando sarete tornati ad essere una sola persona (lo capirai da solo in quel momento), allora sì che potrai e dovrai trasmetterlo a tutti quelli che conosci, pur senza pretendere che ti credano.

Ricorda sempre che ognuno ha il suo viaggio da compiere e devi rispettare quello altrui. Il tuo compito, se vorrai, sarà solo quello di trasmettere le tue nuove conoscenze, a patto che tu le abbia davvero sperimentate: ricorda sempre che puoi trasmettere più facilmente quello che sei e non quello che credi di essere, e tra i due c'è un abisso.

Come si farà sentire il tuo bimbo interiore? Ecco, di questo non posso avere assoluta certezza perché siamo tutti diversi, ma posso senz'altro dirti come comunica con me. Lo fa ogni notte, a mia insaputa, quando la mente conscia, con tutti i suoi limiti, si addormenta. Al mattino, appena sveglia, mi trasmette nuove informazioni, a volte anche su domande che non gli ho posto intenzionalmente ma che riceve dai tanti fugaci pensieri della giornata.

Sono talmente tante le risposte che in principio, cioè le prime volte che mi succedeva, nel giro di pochi istanti la mente conscia riprendeva il sopravvento e si focalizzava solo sulla prima informazione ricevuta. Poi pian piano, lasciando fare all'istinto, appena sveglia ho imparato a concentrarmi sulle risposte giuste scrivendole con una o due parole determinanti, che rappresentano il focus, e ad inviarmele per email in modo da rileggerle più tardi e svilupparle correttamente.

Quali che siano le modalità con cui il tuo bambino interiore si manifesta, ti suggerisco di imparare subito a scrivere per parole chiave le risposte che ti invia. Non boicottarti, non dire che non hai tempo perché devi lavarti, fare colazione o andare al lavoro: queste scuse sono solo i tuoi vecchi limiti, che ti faranno perdere la maggior parte delle risposte che ti occorrono per risolvere i tuoi problemi.

Il bimbo che eri, anche quando cadeva, non si arrendeva, perché faceva tutto con il cuore. La mente spesso mente (se mi permetti il gioco di parole), il cuore mai. Sono riuscita a compiere grandi imprese con la sola voce del cuore, che mi spingeva a superare le barriere della mente.

Quando non provi più, perché ti dici che tanto è inutile, stai ascoltando la mente, non il cuore. Il cuore va sempre oltre, non si cura dei "non posso", e anche se sbaglia e dovesse cadere fa trascorrere del tempo e poi si mette nuovamente in gioco. Ne ha tutte le capacità: sei solo tu che lo tieni a freno, trattenendo il dolore dentro te, perché il suo compito è quello di amare e di superare il dolore.

Ricorda che vivere non è evitare le cadute, ma imparare a rialzarsi. Se vivi con la paura di cadere, non stai vivendo. Stai facendo trascorrere del tempo, impiegandolo nel modo peggiore. Non si può evitare di vivere per paura di cadere, perché in questo modo stai dando più importanza al dolore che alla vita. Ma la vita non è solo dolore e ti garantisco che ne stai perdendo il meglio: sono parole di esperienza vera e vissuta, nient'altro.

Sappi che finché non sarai tu a credere in te stesso e nelle tue risorse interiori, quelle che hai smarrito con il tempo, non potrà mai esserci nessuno, al di fuori di te, che potrà crederci più di te.

Ti faccio un chiaro esempio di una situazione su cui la maggior delle persone si fissano: non credono più nell'esistenza del vero amore, piangono su tutte le delusioni possibili e immaginabili, e io rimango sempre molto perplessa quando sento queste cose. E sai perché? Perché come si può pensare di trovare il vero amore se nemmeno ci si crede? Certo, coloro che hanno subito gravi delusioni non vogliono più soffrire, così si costruiscono una corazza protettiva su misura; peccato però che questo le allontani sempre più dal loro sogno d'amore, cosicché si vietano anche la possibilità di realizzarlo.

Sii sincero, hai mai ottenuto qualcosa in cui non hai creduto? Se, come penso, la tua risposta è no, inizia a voltarti dalla parte opposta, allontanati da quello per cui finora hai impiegato le tue energie. Invece di pensare che sia impossibile, inizia a credere di potercela fare, mettiti alla prova, osserva tutto quello che fai senza pensare al risultato che vuoi ottenere, valuta le tue abilità, invece di concentrarti sulle cose negative individua in te stesso quegli strumenti che pensi di non possedere più e, passo dopo passo, vedrai da te quello che sarai capace di fare. Resterai davvero stupito. Ascolta cos'ha da dirti il tuo cuore, cerca in te stesso quell'amore che non trovi altrove, perché ti garantisco che è già in te, nascosto da qualche parte.

Tutto si riassume in una frase: credi in te stesso. Sono parole meravigliose, cariche di fiducia e di opportunità. Già, perché se non sarai tu a farlo, nulla e nessuno al di fuori di te ti potrà dare ciò che ti manca, perché sarà qualcosa di illusorio e momentaneo. Devi cominciare a provarci, ora dopo ora, giorno dopo giorno, e vedrai che più ci proverai e più diventerà facile. Io ci sono riuscita, anche se non ero abituata a prendere in considerazione le mie abilità; anzi, per diverso tempo non sapevo neppure di averle. E se ci sono riuscita io, ti garantisco che puoi riuscirci anche tu.

Voglio concludere questo capitolo riportandoti una mia poesia che ho pubblicato qualche mese fa sulla mia pagina Facebook "Gli occhi non mentono mai", su cui ti prego di riflettere attentamente.

Nessuno al di fuori di te,

può crederci più di te.

Se non funziona in un certo modo,

non devi cambiare il tuo obiettivo o sogno.

Devi cambiare strategia.

Come? Superando i tuoi limiti.

Fai vincere il coraggio sulla paura di fallire.

Piano piano...

passo dopo passo,

lentamente, ma con costanza.

Rimettiti in gioco.

Finché c'è vita,

la partita non è mai finita.

Sei un essere speciale,

su 7 miliardi di persone,

nessuno può essere come te.

Questa è la tua vera forza,

il tuo essere unico e irripetibile.

Credi in te stesso,

e unisciti a persone

che ti danno del valore aggiunto,

e non perentori giudizi e critiche.

Comincia da te stesso...

Se vuoi, puoi fare la differenza

perché nessuno al mondo,

al di fuori di te,

può crederci più di te!

Segui il tuo cuore,

e con il supporto della mente,

vai dove vuoi...

Perché ti giuro che puoi!"

(Ti voglio bene)

Gabriella Sanfilippo

RIEPILOGO DEL CAPITOLO 2:

- SEGRETO n. 1: Inizia con l'attribuire valore al tuo tempo e alla vita stessa, valorizza anche le cose semplici che svolgi ogni giorno e inizia seriamente a pensare cosa ti piacerebbe fare, oltre a ciò che devi fare: scrivilo su un foglio e lascialo in un punto della casa dove puoi consultarlo frequentemente.

- SEGRETO n. 2: Sono sempre le esperienze negative che ti spingono ad uscire dal torpore della zona di comfort e a misurarti con te stesso, quindi non percepirle solo sotto il profilo peggiore ma sii consapevole che dietro ogni evento doloroso o difficile si cela sempre una nuova opportunità per migliorare la tua vita.

- SEGRETO n. 3: Se vuoi migliorare la tua vita devi comprendere che ne sei tu il responsabile: tutto quello che hai intorno si tramuta in realtà per riflesso dei tuoi pensieri. Ti consiglio di leggere il libro "La biologia delle credenze" di Bruce Lipton (in alternativa puoi trovare su YouTube la videolettura, della durata di 8 ore circa, al seguente indirizzo: https://it.video.search.yahoo.com/search/video?fr=mcafee&p= la+biologia+delle+credenze+video#id=7&vid=c05f3e4611552 993f53ea1ccb08e4429&action=click).

- SEGRETO n. 4: Quando inizi a sentirti meglio è facile che tu possa ricadere in certi automatismi, ma non preoccuparti: se per esempio hai fatto due passi in avanti e uno all'indietro, focalizzati sul saldo, ovvero sul passo in avanti, perché è solo questo che conta. Non sei più al punto di partenza, quindi rialzati e prosegui diritto.

- SEGRETO n. 5: Ti consiglio di guardare più volte questo video: https://www.youtube.com/watch?v=nKlkZlgP7Wk, lo straordinario miracolo della vita. Quando sei particolarmente giù di morale, poniti questa domanda: "Ma se ho vinto su tutti gli altri spermatozoi, se sono stato il più veloce, se mi sono creato da solo nel ventre di mia madre, perché ora non posso ottenere una vita appagante e felice?". Motivati da solo, non focalizzarti sul dolore e su tutto il negativo che ti affligge.

Capitolo 3:

Strumenti e risorse per cambiare la tua vita

Molto spesso serto dire "voglio cambiare la mia vita, voglio partire e andare lontano", come se cambiando luogo, persone e circostanze anche la vita automaticamente e d'incanto cambiasse, senza tenere presente che l'unico modo per cambiare veramente tutto ciò che non ti piace è lavorare su te stesso. In caso contrario, ovunque tu andassi porteresti con te gli stessi pensieri, paure e condizionamenti, che ti spingerebbero ad avere le stesse reazioni e a rivivere situazioni analoghe anche se in contesti diversi.

Quando arrivi seriamente a questa conclusione sei già a buon punto; eppure la maggior parte delle persone, dopo qualche tentativo di cambiamento, alla fine si arrende allo stato delle cose. Perché? Forse non ne hanno voglia? È troppo faticoso? No, la verità è che molto spesso dimenticano di munirsi di strumenti assolutamente indispensabili per ottenere quel mutamento a cui davvero aspirano.

Le attrezzature e l'equipaggio che bisogna portare a bordo per solcare le acque tempestose dell'anima sono determinanti per superare tutte le difficoltà che s'incontrano, soprattutto nella fase iniziale di questo viaggio: perché proprio di questo si tratta, di un lungo fantastico viaggio la cui meta è il tuo massimo bene, che automaticamente ti procurerà gioia, serenità e un grande amore per la vita, da assaporare in ogni suo aspetto.

Perché ti dico questo? Perché mi è capitato tante volte di leggere libri e manuali di crescita personale e sul momento erano un'ottima soluzione per incentivarmi; ma passato qualche giorno l'effetto placebo terminava e tornavo al punto di partenza. Cercavo di comprendere perché quelle strategie con me non funzionassero e avevo sempre pronte mille scuse, "non è così facile", "sono un caso cronico", "ho troppe ferite", "sono un'incapace". Tutte motivazioni plausibili, ma che mi portavano irrimediabilmente sulla rotta opposta alla mia destinazione.

Solo ora, dopo che ho concluso il mio viaggio e sono giunta sulla mia "isola felice", posso finalmente affermare che ogni volta che mi mettevo in viaggio dimenticavo di portare con me questi cinque indispensabili strumenti: speranza, pratica, costanza, determinazione e pazienza.

Se dimentichi anche solo una di queste dotazioni, durante il viaggio ti troverà come succedeva a me, ancora più depresso e deluso di prima, invertirai la rotta e tornerai a riva. La prima è il motore della nave, la seconda il carburante e le ultime tre ti porteranno alla meta.

Ti sarà anche capitato, più di una volta, di prendere delle decisioni e poi di non riuscire a portarle a termine. Perché con la mente conscia ti dici delle cose, ma fra il pensarle e il metterle in pratica subentra il tuo subconscio, che istantaneamente si appropria del timone e cambia rotta, riportandoti al punto di partenza ma ancora più mortificato.

Un'altra difficoltà che ho riscontrato durante la lettura di libri sulla crescita personale è che una cosa è comprendere il testo e un'altra, un po' diversa, è proiettarlo sulla tua vita, ovvero appropriarti di tutti quegli insegnamenti adattandoli alla tua realtà.

Avrai ora compreso che leggere non basta se non ti sforzi di mettere materialmente in pratica quei consigli nella tua vita quotidiana. Devi però trovare la giusta misura, come faresti ad esempio quando acquisti un bracciale o un orologio e lo fai adattare alle dimensioni del tuo polso. In altre parole, se l'insegnamento del libro è "devi amarti" e tu non ne sei capace non puoi violentarti, perché otterresti esattamente il risultato opposto. Dovrai trovare il tuo modo personale per arrivare allo stesso risultato.

Come hai visto nel primo capitolo, io ci sono riuscita abbattendo la convinzione che più mi era di ostacolo, ossia quella di non essere meritevole d'amore, grazie agli strumenti di cui ti ho parlato – speranza, pratica, costanza, determinazione e pazienza. Dovrai fare diversi tentativi prima di riuscire a individuare ciò che non ti permette di arrivare allo scopo proposto dal libro e, dopo averlo individuato, lavorarci sopra e sgretolarlo, strato dopo strato.

Purtroppo da adulti i comportamenti che ci vengono del tutto spontanei e naturali sono quelli registrati sin dall'infanzia nel subconscio, che influenza le nostre azioni senza che ne siamo consapevoli. È per questo che la maggior parte delle volte tra il dire e il fare c'è un abisso: perché manca l'allineamento tra mente cosciente (ciò che vorresti) e subconscio (ciò che reattivamente sei portato e abituato a fare).

Come avrai certamente compreso, la cosa più importante è proprio lavorare sulle reazioni inconsapevoli per disinstallare tutti quei meccanismi autosabotanti che ti provocano sofferenza, sostituendoli con altri che abbiano lo scopo di gettare le fondamenta della tua serenità.

Per individuare correttamente le convinzioni erronee del tuo inconscio è sufficiente che ti guardi intorno. Tutto quello che stai vivendo è il risultato di come ti sei "programmato" a reagire nel corso degli anni; e poiché l'inconscio lavora anche per immagini, ti esorto ad individuare le tre cause che ti creano più sofferenza e a scriverle su un foglio, ribaltandole in senso positivo; poi fanne due o tre copie e attaccale nei luoghi della casa in cui ti trattieni più a lungo.

Io per esempio, essendo molto insicura, avevo scritto "sono sicura di me stessa" e "ho profondamente stima di me" e ho appeso queste frasi sul frigorifero, accanto al salotto, in bagno e sul comodino in modo che fossero sempre davanti ai miei occhi, cosicché anche quando con la mente conscia fossi stata impegnata in altre attività, l'incoscio potesse comunque visualizzarle. Ti sembrerà strano e perfino ridicolo ma sappi che con me ha funzionato, anche se non è stato l'unico stratagemma a cui ho fatto ricorso.

Un'altra caratteristica dell'inconscio è quella di "seguire e non guidare", cioè la tendenza a ripetere infinite volte la risposta a ciò che gli perviene dalla mente conscia. A questo proposito ti invito ad ascoltare, prima di andare a letto ogni sera per una settimana, il brano di Cloe Zen "Io ho deciso di cambiare" (lo trovi al link https://www.youtube.com/watch?v=7YCYp6hI9jc). La settimana successiva prosegui con "Puoi guarire la tua vita", sempre di Cloe Zen (https://www.youtube.com/watch?v=gyEZejAxxEg), che legge un estratto del bestseller di Louise Hay nel quale spiega come si è dipendenti dai pensieri negativi e come modificarli in positivo per cambiare finalmente il corso della propria vita.

L'ascolto ripetuto di questi due brani che ti ho appena suggerito innescherà una prima reazione nel tuo subconscio e, anche se all'inizio non sarai in grado di percepirlo consciamente, abbi comunque fiducia. Il loro ascolto nel mio caso è stato davvero motivante nel farmi osservare la mia vita da un nuovo punto di vista, più positive e altrettanto reale, oltre a darmi un senso più generale di serenità.

Per una migliore comprensione di queste dinamiche mi permetto di segnalarti la dottoressa Barbara Grassi e Michele Russo, formatori della tecnica Psych-q che agisce sull'inconscio per liberarlo da vecchie credenze. Entrambi mi sono stati molto vicini, anche se non sono in grado di stabilire con obiettività se questa tecnica mi sia stata davvero di supporto o se invece siano state le loro ricche personalità a contribuire alla mia crescita personale.

Michele ha un approccio più concreto per chi ha bisogno di un focus ben chiaro, Barbara lascia invece più spazio agli aspetti emotivi; io ho compiuto un breve percorso con entrambi, volendo dare la giusta importanza sia a un aspetto sia all'altro.

Nulla è un caso o avviene per caso; ma, soprattutto, tutti gli eventi che si manifestano sotto forma di problemi sono legati l'uno all'altro da un filo sottilissimo e invisibile. Ogni giorno compiamo un passo e i successivi sono la conseguenza del primo. È un po' come quando allacci i bottoni di una camicia: se sbagli il primo, tutti gli altri saranno sbagliati.

Ogni fenomeno che si presenta nella nostra vita è la conseguenza di un primo passo che abbiamo compiuto il più delle volte in automatico, senza neppure averci fatto caso; se però scegliamo consapevolmente di fare un passo diverso anche i successivi lo saranno, e anche le opportunità e i problemi saranno completamente diversi.

A dire la verità non sai neppure quando sia cominciato questo processo, perché a te sembra dall'intera vita, ossia da sempre: ma quando per anni tutte le peggiori sventure, difficoltà e sfortune capitano sempre a te, anziché metterti nella posizione della vittima chiedendoti perché tanto accanimento, chiediti piuttosto qual è la lezione che devi apprendere, cos'è che la vita sta cercando di farti capire.

Probabilmente non troverai subito la risposta ma non preoccuparti, perché quando riponi fiducia nella tua vita, quando non la combatti ma te la fai amica, prima o poi quella risposta arriverà e ti sorprenderà, sarà un'illuminazione, un'azione d'istinto, un flash geniale. Anzi, se sei sincero con te stesso, certamente qualcosa del genere ti è già capitato: in qualche occasione in cui non avevi la più pallida idea di come risolvere un problema, a un certo punto, improvvisamente, la soluzione ti giunge "dal nulla". Ma per spiegarti meglio devo raccontarti qualche altro dettaglio della mia vita.

Mi ero sposata nel 1997 con un ragazzo che a quei tempi faceva il manovale presso una società di costruzioni. Dopo circa tre anni lasciò quel posto sicuro per un'impresa di trasporti che gli offriva uno stipendio più alto, ma che dopo appena due mesi lo licenziò. Da quel momento in poi non riuscì più a trovare un lavoro serio. Nel 2004, infine, mi sono separata (non per motivazioni economiche, sia ben chiaro).

Nel 2005 ho conosciuto un altro ragazzo che allora lavorava in proprio nel campo delle auto. Per la forte crisi, dopo qualche mese fu però costretto a chiudere l'attività. Nel 2012 ho avuto una breve relazione con un ragazzo disoccupato. Nel 2013 ho conosciuto il mio penultimo compagno, con il quale ho convissuto circa tre anni: lavorava in proprio in un'officina di moto, ma dopo solo tre mesi di convivenza aveva perso moltissimi clienti e così la sua attività d'improvviso si era fermata. Guarda caso, quando ci siamo lasciati è ripresa a pieno ritmo. Nel frattempo ho cominciato una nuova relazione con un'altra persona, che sul principio mi ha tenuto nascosto il fatto di non riuscire a trovare lavoro.

Comunque andassero le cose, chiunque aveva una relazione con me – era solo questione di tempo – finiva con il restare senza lavoro. Ma era un problema su cui non mi soffermavo a riflettere e, così facendo, attiravo situazioni ogni volta peggiori. Come vorresti definire queste esperienze? Sfortuna? Certamente è quello che ho creduto io per molti anni, fino a quando non mi sono presa l'onere di ragionare su ciò che accomunava queste situazioni.

Non è stato facile, ma a furia di chiedermi quale fosse la connessione tra queste esperienze sentimentali con partner assai diversi l'uno dall'altro e tutti però interessati dallo stesso problema, un bel giorno mi sveglio di soprassalto all'alba e riconosco in faccia il mio peggior nemico, come adesso ti spiego.

Da piccola avevo assistito alle continue discussioni dei miei genitori per questioni di soldi. All'epoca entrambi i miei genitori avevano un impiego ma mia madre, di natura altruista e non venale, con il suo stipendio pensava a tutte le necessità di noi figlie. Mio padre invece, che era cresciuto nella povertà e ne aveva una paura terribile, si proteggeva dall'eventualità di perdere tutto e di rivivere quella traumatica esperienza infantile accumulando denaro, che nascondeva in banca e della cui entità nessuno era a conoscenza.

Ricordo che una volta, da bambina, ero talmente stufa di sentir litigare i miei da ripromettermi che quando sarei diventata adulta non avrei mai voluto al mio fianco un uomo che guadagnasse uno stipendio più alto del mio, perché volevo essere totalmente indipendente. E l'inconscio, che non sbaglia mai il tiro ma piuttosto ne amplifica gli effetti, aveva creato un limite potente dentro di me che trasformava in realtà gli effetti di tale proposito.

Capisci cosa sto cercando di dirti? Ripetevo un circolo vizioso autosabotante: ero come mia madre che lavorava come una schiava (figurativamente parlando) e spendeva tutto per la famiglia; e, nel contempo, la mia energia attirava compagni che in qualche modo rispecchiavano economicamente la figura di mio padre, che ci faceva credere di essere sempre a corto di denaro per effetto della sua fobia della povertà.

Nell'eventualità che anche tu non sia ancora riuscito a creare una relazione soddisfacente e ricca d'amore, devi farti le domande giuste. Analizza in dettaglio le principali caratteristiche dei tuoi ex compagni, rifletti anche sulle caratteristiche delle relazioni instaurate e sul tuo ruolo in tale contesto – che al 99% è sempre lo stesso, credimi – e trova quel filo conduttore certamente risalente alla tua infanzia, che sia stata amorevole oppure no.

Ricorda che anche il più partecipe dei genitori, attraverso il proprio comportamento, in qualche momento particolare ti ha trasmesso informazioni che in seguito tu hai elaborato per cercare la tua strada, magari durante il difficile e complesso periodo dell'adolescenza nel quale perdi tutti i riferimenti.

Attenzione, questi passi di autoconsapevolezza richiederanno solo pochi mesi se seguirai alla lettera le mie indicazioni. Devi solo porti le domande corrette, senza trarre alcuna conclusione. Sarà il tuo bimbo interiore, una volta creato un rapporto quotidiano con lui, a fornirti le giuste risposte (e se te lo ripeto per la terza volta ti assicuro che c'è un motivo).

Nei precedenti capitoli ti ho fornito indicazioni su come riprendere e approfondire i rapporti con il tuo essere originario, ed ora siamo giunti alla terza fase, ovvero quella in cui tu e il tuo bimbo vi riconoscete a vicenda. Per rapporto quotidiano non intendo che ogni giorno tu debba intrattenere lunghi discorsi con lui, ma solo quando d'istinto ne senti l'esigenza. In tutti gli altri giorni ti basterà alzarti, guardare la sua foto sul comodino (a proposito, hai seguito il mio consiglio di recuperarla?), darle il buongiorno e percepire la sua presenza. Medesima cosa la sera, quando sei in procinto di andare a letto.

Non dimenticare mai che il tuo bambino interiore è il possessore dell'amore incondizionato collegato alle energie dell'universo e a Dio. E dove c'è amore incondizionato i miracoli avvengono sempre, provare per credere. Ovvero, credere e poi provare. Arriverà quel momento in cui non ci sarà più alcuna differenza.

Ti propongo adesso un altro filo conduttore delle azioni e degli atteggiamenti che per lungo tempo hanno indirizzato la mia esistenza in una direzione non consona a me stessa.

Nel 2013, dopo tanti anni che non mi allontanavo dai miei figli, insieme al mio compagno decidiamo di fare un viaggio a Sharm el Sheik. Guarda caso, una settimana prima scoppia la guerra in Egitto e vengono annullati tutti i voli, così l'agenzia ci dirotta il viaggio in Sicilia. Era il mese di agosto.

Ebbene, sai cosa è successo? Non ci crederai, ma per l'intera durata della vacanza è piovuto ogni giorno e addirittura, a causa dei violenti temporali, si è allagata la nostra camera. Chiamala di nuovo sfortuna, al punto tale che il mio compagno ci scherzava su dicendo che ero una vera porta jella; io ero completamente basita, non riuscivo a capacitarmi di quanto stava accadendo, e per di più in una regione siccitosa e povera di precipitazioni come la Sicilia. Perfino il bagnino con cui avevamo fatto amicizia ci spiegava che da quando era nato (aveva una trentina d'anni) non si ricordava di aver mai vissuto un agosto così piovoso.

Alla fine, quando ho compiuto la mia "perlustrazione interiore" per comprendere questi eventi, sai cosa ho scoperto? A quel tempo mi sentivo terribilmente in colpa per aver lasciato i miei figli a Pavia dai nonni paterni, sebbene fossero le due settimane che di norma spettavano al padre.

Ecco il motivo per cui ho trascorso la vacanza in preda alla sfortuna: il mio inconscio mi puniva per aver pensato solo a me stessa e per non averli inclusi nel viaggio, pur con una valida ragione perché, essendo i primi tempi che frequentavo il mio compagno, per salvaguardare il delicato mondo interiore dei miei figli avevo scelto di lasciarli fuori dalla relazione.

È per questo che ora ci tengo a trasmetterti l'input di guardare in te stesso, perché è lì che ci sono tutte le risposte che stai cercando. Come ti ho detto, devi munirti di molta pazienza, determinazione, costanza e fiducia: con questi strumenti e con l'introspezione, riconoscendo e analizzando il filo conduttore delle tue principali esperienze e le rispettive problematiche, puoi cominciare a farti le domande giuste e, con il passare del tempo, troverai anche le risposte giuste.

Quello che devi fare è attivarti, trovare in te la motivazione, quel "perché" che sia più forte della paura di fallire e che ti spingerà a riconoscere e a neutralizzare le tue convinzioni e i tuoi limiti sabotanti, per andare finalmente incontro a ciò che desideri. E più sarai in grado di farlo più la tua autostima crescerà, fino ad arrivare al punto che non potrai fare altro che amarti. Ricordati che l'universo e la tua stessa vita sono i tuoi più grandi alleati, se non sei tu a dichiarargli guerra.

RIEPILOGO DEL CAPITOLO 3:

- SEGRETO n. 11: La tua realtà è il riflesso dei tuoi pensieri e delle tue credenze, che influenzano le tue emozioni. Esse a loro volta ti portano a compiere determinate azioni, che creano i risultati che vedi nella tua vita. Per rivedere e correggere i tuoi pensieri e credenze (programmi autosabotanti) devi munirti di cinque strumenti, senza i quali ti ritroverai sempre al punto di partenza: speranza, pratica, costanza, determinazione e pazienza.

- SEGRETO n. 12: Non è sufficiente leggere un libro di crescita personale per apprenderne e farne propri gli insegnamenti, perché essi agiscono solo sul 5% della nostra mente, la parte conscia. La maggior parte delle nostre azioni sono determinate dai programmi preinstallati nell'inconscio, ragion per cui devi lavorare anche su di esso.

- SEGRETO n. 13: L'inconscio apprende ripetendo per un certo periodo determinate azioni e lavora tramite i canali uditivi e visivi. Individua le tre cause che ti creano più sofferenza e scrivile su un foglio, trasformandole in senso positivo, poi fanne due o tre copie e attaccale nei luoghi della casa in cui ti trattieni maggiormente. Prima di andare a letto, per una settimana circa, ascolta il brano "Io ho deciso di cambiare" sul canale YouTube di Cloe Zen (lo trovi all'indirizzo https://www.youtube.com/watch?v=7YCYp6hI9jc); la settimana successiva prosegui con il brano "Puoi guarire la tua vita" (https://www.youtube.com/watch?v=gyEZejAxxEg), sempre di Cloe Zen.

- SEGRETO n. 14: Nulla è un caso o avviene per caso. Tutti gli eventi che si manifestano sotto forma di problemi sono legati gli uni agli altri da un filo conduttore che contiene una lezione, una o più credenze negative che devi riconoscere e sgretolare.

- SEGRETO n. 15: L'universo e la tua stessa vita sono i tuoi più grandi alleati, se non sei tu stesso a dichiarargli guerra.

Capitolo 4:
Come perdonarti e liberarti dal giudice interiore

Molto probabilmente anche tu, come me e come tutti, avrai fatto diversi errori nella vita, alcuni dei quali non riesci ancora a perdonarti. Eppure voglio dirti che non è quello che hai fatto o non hai fatto a definire chi sei, ma piuttosto ciò di cui ti sei convinto, ovvero tutte le credenze che hai sviluppato nel corso del tempo e dei limiti che ti sei imposto, per paura o per rispettare quel modello.

Ebbene, tu non sei quel modello, quelle credenze, quelle paure. Sei altro. Te lo chiedo con il cuore: perdonati, perdona ogni tuo errore, e che queste mie parole possano viaggiare dentro di te, passare dagli occhi con cui mi stai leggendo per giungere al cuore, oltrepassare lo stomaco, l'intestino, l'apparato riproduttivo, le gambe e arrivare fino ai piedi, che muoveranno liberamente ogni tuo passo per compiere finalmente le azioni più giuste, rivolte al tuo massimo bene.

Perdonati. Che gran bella parola, per-donati, ovvero "donati per", dona a te stesso il tuo io più autentico per il tuo massimo bene, che può riemergere in superficie solo quando l'avrai ripulito con cura da tutta la polvere accumulatasi nel corso degli anni, compreso ogni più piccolo frammento e residuo di giudizio sul tuo operato e su ogni tua singola azione.

Avresti voluto fare quella tal cosa, ma poi ti sei trovato a farne un'altra. Volevi chiarire con una persona ma alla fine, spinto dalla rabbia, le hai gettato addosso ancora più cattiverie. Avresti voluto comprare un regalo a tua madre o a al tuo partner, ma girando per negozi ti sei lasciato attrarre da quel cellulare in vetrina e hai speso tutto per te. Volevi far bene quel lavoro per dimostrare al tuo capo che sei bravo e diligente, ma poi ti sei lasciato distrarre da un'email che prometteva guadagni facili in poco tempo. Avevi promesso a tua figlia di portarla al cinema, ma piacevolmente seduto sul divano dopo un'intensa settimana di lavoro, ti sei lasciato avvolgere dalla pigrizia e non hai mantenuto la promessa. Quante volte commettiamo degli errori che non avremmo mai voluto fare? Quante volte deludiamo qualcuno che credeva in noi, e quante altre deludiamo noi stessi?

A volte ciò accade consapevolmente, altre senza che ce ne rendiamo conto. Bastano pochi attimi per dire a sé stessi "perché l'ho fatto?" e già si è innescato un perfido circolo vizioso che ti fa sentire in colpa.

In realtà tu consapevolmente hai già abbandonato quelle reazioni automatiche prodotte dalla tua mente sotto forma di giudice interiore, ti sei già distratto e hai ripreso a fare quello che stavi facendo senza attribuire alcuna importanza alle sue parole; ma nell'inconscio quelle frasi restano e minano continuamente il tuo cuore che, anche se sembra tacere, si manifesta con percezioni ed emozioni che a volte non sai neppure definire. Per esempio, non è successo niente di particolare eppure quest'oggi ti sei svegliato particolarmente triste, senza un vero perché.

Ma il perché di questi stati d'animo c'è sempre, ricordatelo: durante la notte il tuo inconscio, libero di manifestarsi e di espandersi, registra ogni più piccolo input ricevuto nella giornata. Dunque ti invito a fare particolare attenzione alle tue reazioni interiori più spontanee mentre stai svolgendo le normali attività quotidiane, fino ad accorgerti di quella voce che compare all'improvviso inviandoti messaggi autodistruttivi come "sei sempre il solito", "che sbadato", "fai attenzione", "smettila", "ma quanto sei stupido", "non ci riuscirai mai".

Anch'io l'avevo, sai? Un giudice interiore che mi criticava continuamente anche se io non me ne rendevo conto, minando giorno dopo giorno la fiducia in me stessa e nelle mie possibilità, e portandomi a compiere azioni contrarie a ciò che era davvero bello e importante per me.

Ti faccio un altro esempio. Supponiamo che tu sia innamorato e ricambiato dalla persona che ami, ma che in te ci sia un'antica e profonda convinzione che non sei meritevole di amore. Rifletticci bene: non sto dicendo che ripeti continuamente a te stesso "non posso essere amato", ma ne sei comunque convinto nel profondo del tuo inconscio, e quella voce interiore finirà con l'innescare dei comportamenti automatici che, nella stragrande maggioranza dei casi, porteranno la tua relazione a svilupparsi in modo tale da non essere davvero più amato.

Quando questo succede, ecco allora che ti tormenti con altri interrogativi. Eppure quella persona ti amava, come mai ora non ti ama più? È malvagia e infida? Ti ha mentito? Si è presa gioco di te? Sicuramente avrai pensato tutte queste cose, ma sappi che sono rari i casi in cui tu non c'entri niente. Spesso sei proprio tu che, dando inconsapevolmente ascolto al giudice interiore, metti in atto tutta una serie di comportamenti, strategie e azioni rivolte a scoprire perché lui o lei non ti ama più, finendo con l'ottenere proprio questo risultato.

Da piccola avevo sempre paura che durante il pranzo o la cena mi cadesse il sale sulla tovaglia, perché la prima volta che mi era accaduto mio padre mi urlò che ero un'asina e la sensazione che avevo provato era di una tale vergogna che non volevo più riviverla. Ma più cercavo di stare attenta e più il sale mi cadeva. A quell'epoca proprio non capivo il perché, ma ora mi è tutto assolutamente chiaro.

Se non cominci tu per primo a prendere atto di questo severo censore di ogni tua emozione, potrai cambiare partner, città, lavoro, casa, potrai cambiare qualsiasi aspetto esteriore della tua vita, ma il risultato finale sarà sempre lo stesso.

Quando finalmente ho assunto coscienza di queste continue autoaccuse, sono rimasta alquanto sorpresa e ho iniziato a chiedermi da dove provenissero. Ero uscita dalla casa della mia famiglia d'origine da moltissimi anni ma ahimé, mi ero portata dietro tutti gli ammonimenti e i rimproveri dei miei genitori. Ormai ero programmata a reagire in base a quelle credenze, e col tempo la loro voce si era trasformata in quella del mio giudice.

C'è un modo, però, per riconoscere e sconfiggere questo nemico: rimanendo presente in quello che fai e in ciò che ti accade, analizzandolo e portandolo in superficie. Subito dopo aver fatto qualcosa che non ti è riuscita bene, quando compare quella vocina che ti dice "ecco, è sempre così, allora ho ragione", per prima cosa rispondi subito in cuor tuo "sta' zitta". E non stancarti di ripeterlo ogni volta, perché il giudice è potente e non ti basterà certo ammonirlo una sola volta.

Ti devi applicare con costanza, determinazione e fiducia, senza farti dominare dallo sconforto per tutte le volte in cui non ci riuscirai subito: piano piano quella vocina si ridimensionerà e ogni nuovo risultato che otterrai ti darà la spinta per continuare, fino a quando un giorno ti accorgerai che è scomparsa, come è successo a me.

A questo proposito ti invito a fare una chiara descrizione dei punti di forza grazie ai quali, in passato, sei riuscito ad ottenere qualche piccolo traguardo e a conquistare quello che possiedi, non importa che sia di grande o di poco valore, l'importante è che sia merito tuo. Scrivi il tutto su un block notes, tienilo a portata di mano, rileggilo più volte e impegnati nel cominciare a riconoscere questi punti di forza nella tua vita e nelle attività che svolgi. Tutto ciò ti aiuterà a prendere coscienza delle tue qualità e a ricordarti del significato prezioso di certi aspetti della tua vita.

Io ad esempio mi sentivo frustrata professionalmente e ciò mi procurava un'insoddisfazione profonda, perché il lavoro per me è sempre stato molto importante, ma più mi concentravo per trovare una soluzione e più il malessere aumentava. A un certo punto però, quasi per istinto, ho iniziato a spostare la mia attenzione su tutte quelle piccole cose della mia esistenza che ormai davo per scontate ma che, a ben guardarle, contenevano molti aspetti positivi, e questo è stato un primo passo molto importante.

Ricordo che una mattina mi sono alzata e ho cominciato a girare per le stanze del mio appartamento osservando dapprima i colori delle tende, diversi per ciascun ambiente: dal rosso della sala all'azzurro delle tre camere, al giallo del bagno e al porpora della cucina. Le avevo scelte con cura ed erano in armonia con le pareti, anch'esse colorate. Poi ho osservato il grande acquario della sala, che contiene quattro pesci con cui a volte mi trovo a parlare, poi le piante ornamentali: e finalmente, per la prima volta, la mia voce interiore mi ha fatto i complimenti.

Alla fine non era assolutamente vero ciò che pensavo di me, non era vero che dopo il fallimento del mio matrimonio non ero più riuscita a combinare nulla. Anzi, avevo affittato e arredato con gusto un appartamento e mi occupavo della crescita di tre stupende creature, a cui ho cercato di non far mai mancare niente in termini materiali e soprattutto affettivi. Così, a un certo punto della mia perlustrazione, mi sono detta "ti sembra poco?".

Ecco, la consapevolezza e soprattutto l'attenzione costante a tutti questi aspetti apparentemente banali, insieme a tante altre piccole cose, hanno contribuito notevolmente a farmi sopportare tutto quello che mi faceva soffrire; fino a scoprire che, davanti a problemi che richiedono parecchio tempo per essere risolti, la cura migliore è accantonarli sostituendoli con tutto ciò che di concreto hai già costruito, sia dal punto di vista materiale sia da quello spirituale. L'essere umano invece è naturalmente proiettato a concentrarsi su quanto gli manca e quasi mai su quello che possiede, finendo addirittura con il perdere, per mancanza di attenzioni, cose e relazioni che sembravano date per assunte.

Prendersi cura di ciò che si ha contribuisce a creare armonia e forza interiore che, una volta consolidata, è di grande supporto per risolvere qualsiasi problema anche nel presente. La forza non si costruisce solo cercando a tutti i costi di ottenere quello che ci manca, ma soprattutto curandoci di ciò che abbiamo.

Così come sei responsabile degli aspetti negativi della tua vita, altrettanto devi essere orgoglioso per quelli positivi: sii fiero di te e profondamente grato a te stesso perché queste emozioni saranno il carburante per la realizzazione del tuo sogno, quello per cui sei venuto al mondo. Ma mi raccomando, il pensiero positivo va allenato con impegno e costanza: è un piccolo seme che, innaffiato e curato, a tempo debito darà dei frutti meravigliosi e ti stupirai per quanto sarà bello.

Spesso in passato mi sono chiesta perché non riuscissi a fare determinate cose quando, in situazioni ancor più difficili, riuscivo sempre ad ottenere ciò che desideravo. Eppure non ero stupida: ad esempio, a 18 anni appena compiuti avevo superato l'esame per la patente in pochissimi giorni e mi ero comprata l'auto. Il primo giorno di lavoro mi avevano avvertito che sarei stata sotto la dipendenza di una superiore piuttosto acida e che altre ragazze prima di me, a causa sua, si erano licenziate: eppure io, in breve tempo, ero riuscita a conquistarmi la sua fiducia. Stessa cosa anche in altre situazioni complesse, in cui ottenevo ciò che desideravo malgrado le difficoltà.

Ma allora come mai, in altre situazioni assai meno complicate, non riuscivo a trovare una soluzione? Sembra incredibile, ma quando ti concentri su te stesso e non più su tutto quello che ti gira attorno, con il tempo le risposte arrivano. Quando ottenni la patente, l'entusiasmo nel diventare autonoma era assai più forte della paura di mettermi per la prima volta alla guida; così come l'entusiasmo di diventare economicamente indipendente aveva vinto il timore di dover sottostare ai comandi di una responsabile acida e invidiosa. Inoltre il lavoro per me non è mai stato un problema, perché dai miei genitori ho ricevuto l'esempio (un esempio positivo e potenziale fonte di energia) che il lavoro nobilita, che è indispensabile, anche se è frutto di enormi sacrifici.

C'è un'altra cosa assolutamente fondamentale in questo processo di riscoperta della tua vera essenza: liberati da tutte quelle catene mentali che ti tengono prigioniero in rapporti contraddittori ed estranei alla tua misura, che minacciano e, in qualche modo, continuano a sabotare la tua persona.

Ti ho raccontato che nella mia vita c'è stato un lungo periodo in cui ero completamente in balìa degli eventi e delle persone. Facevo tutto il possibile e anzi l'impossibile per accontentare tutti, perché sono arrivata a danneggiare me stessa pur di non dire di no alle richieste altrui. Pur di non perdere coloro a cui volevo bene, mi costringevo a fare anche cose che non mi andava di fare. Non ascoltavo i miei bisogni reali, avevo represso ogni più remoto desiderio e pendevo dallo sguardo e dalle parole altrui.

Tuttavia, più mi adoperavo per gli altri e più ero ne ero soprafatta. Portare il mio aiuto mi faceva sentire utile, importante e soprattutto dava un senso più profondo alla mia vita, perché durante la mia malattia ero rimasta completamente sola, nessuno mi aveva mai capita, accettata, compresa e considerata meritevole di amore, anzi mi avevano puntato il dito contro, condannandomi e vergognandosi di me. Aiutare il prossimo per me era dunque una forma di riscatto: non volevo che altri potessero provare quello che avevo passato io.

Fu così che cominciai a dare moltissima importanza agli altri e sempre meno a me stessa. Cercavo di accontentare sempre tutti ma non bastava mai, dovevo fare sempre di più e non era mai abbastanza. Io non ero abbastanza. Tentavo allora di sopire quel mio remoto dolore procurandomene dell'altro. Ero entrata in un circolo vizioso nel quale più cercavo di fare del bene e più ero soggetta alle critiche altrui, proprio come quando ero bambina e cercavo a tutti i costi l'approvazione nello sguardo di mio padre ma coglievo solo critiche e disapprovazione.

Molto spesso le nostre relazioni non fanno altro che ripetere

111

all'infinito storie che in qualche modo abbiamo già vissuto, con la speranza di riuscire a cambiarne il finale, come se nella nostra vita fosse rimasto qualcosa in sospeso. Ma se non cerchiamo dentro di noi le vere cause che ci portano a rivivere le stesse esperienze, inesorabilmente la conclusione sarà sempre la stessa, anche se cambiano i personaggi e i luoghi, anche se sono trascorsi tanti anni. Se dentro te stesso non hai ancora risolto o lasciato andare certi eventi del tuo passato, continui inconsapevolmente a ricrearli senza mai trovar pace.

E d'improvviso, una sera, mi sono guardata allo specchio e non mi sono più riconosciuta. Non sapevo più cosa desiderassi, dove stessi andando, che cosa stessi facendo, né per cosa lo facessi. Di nuovo, inesorabilmente, avevo perso l'orientamento, il senso e la direzione della mia vita ed era tutto scritto in quello sguardo riflesso, che non lasciava nulla all'immaginazione.

Iniziai ad annaspare alla ricerca di qualcosa che sentivo mancarmi ma a cui purtroppo non riuscivo a dare un nome: era qualcosa di totalmente confuso e nebbioso e non sapevo neanche cosa dovessi cercare. È stato come se fossi uscita dal mio corpo e mi fossi chiesta "ma chi è quella là?", mi sentivo estranea a me stessa.

Allora non riuscivo a capirlo, ma quando annulli te stesso per accontentare chiunque arriva un momento nel quale tutti i tuoi bisogni si zittiscono, senti solo tanto trambusto e dolore dentro ma non riesci neppure a trovarne la causa: fino a quando non ci ha pensato la vita a scuotermi.

Era una mattina di gennaio, faceva molto freddo e come al solito mi recavo in ufficio percorrendo la tangenziale, quando la mia auto è stata violentemente tamponata da un TIR che procedeva dietro di me: un urto terribile, seguito da un lungo trascinamento e da un testacoda che fortunatamente sono riuscita a controllare almeno in parte, finché mi sono fermata. Sono scesa dall'auto in preda al panico e con fratture varie.

Nei giorni seguenti non riuscivo a dormire, non facevo altro che pensare all'incidente e a tutto il panico che avevo provato, fino a quando ho compreso il senso di quello che mi era successo: ero stata trascinata da un TIR che non si era accorto della mia auto e, proiettando la stessa scena sulla mia vita, l'analogia era davvero perfetta. Gli eventi e le persone al di fuori di me stavano guidando la mia esistenza e io ne subivo le conseguenze.

In quei momenti di terrore, inoltre, mi sono resa conto di quali erano le persone davvero importanti e che non volevo perdere assolutamente; di tutto il resto non mi importava più niente. Spinta ancora dalla paura di quei terribili momenti e da questa nuova consapevolezza, poco per volta ho tagliato i ponti con tutti quei rapporti che non mi facevano bene, alcuni anche con una certa sofferenza, ma ormai ero risoluta e non potevo più permettere che la mia vita fosse governata dagli altri.

Riflettendo in piena solitudine e assolutamente convinta della mia scelta, è da qui che sono veramente ripartita e ho iniziato a cercare dentro me stessa tutte quelle risorse che avevo smarrito. Più non subivo intromissioni negative e inutili perdite di tempo, più ero tranquilla e desiderosa di prendermi cura di me, allontanandomi da tutto ciò che mi faceva star male.

Sappi insomma che se ti trovi a relazionarti con persone negative, lamentose, che non ti arricchiscono e trovano sempre un problema anche laddove potrebbe esserci una soluzione, in realtà non hai bisogno realmente di loro, ma ti stai soltanto punendo per qualcosa che fa parte del tuo passato. Impara anche a dire no quando non te la senti di fare qualcosa, non aver paura di perdere le persone a cui vuoi bene, perché se anche loro te ne vogliono capiranno e non se ne andranno.

Non aver paura nemmeno della solitudine, perché ti garantisco che non rimarrai solo: al contrario, permetterai a persone meravigliose di entrare nella tua vita, perché saranno in risonanza con te. Più risplenderai e rifletterai la tua luce nelle vite altrui e più riceverai luce, e questa è storia di vita vera e vissuta. Quando sono uscita da quel vicolo buio e sono andata incontro alla luce, ho visto tante persone che vi erano arrivate prima di me e mi attendevano.

Le esperienze negative sono utili per diventare la persona che eri destinata ad essere. Abbi fiducia. Quando sei in balìa degli eventi e delle persone, quando non hai un tuo focus, quando non sai più nemmeno cosa desiderare, quando hai smarrito tutti i tuoi talenti e le caratteristiche che ti distinguono da chiunque altro, è il momento di porre le domande giuste alla tua vita: altrimenti sarà la vita stessa ad inviarti segnali attraverso episodi più o meno traumatici, per attirare la tua attenzione e spingerti ad agire.

Nel mio caso si è trattato appunto di due incidenti analoghi, a gennaio e a dicembre 2017, e non è neppure un caso che siano coincisi con l'inizio e la fine dell'anno: sono stati i due momenti più importanti per farmi rimettere alla guida della mia vita, per "raddrizzare il volante", per non andare a sbattere contro il guardrail.

Ogni evento che in apparenza ti sembra negativo contiene un'opportunità per superare i tuoi limiti e quello che credevi su te stesso: e non mi stancherò mai di ripetertelo, di indicarti quegli strumenti che mi hanno consentito di liberare la mia anima. Ma ricorda che io non posso liberare la tua, ti sto solo fornendo del materiale sul quale dovrai lavorare tu credendo in te stesso e nelle risorse interiori de puro amore originario.

Fintanto che non acquisisci padronanza delle tue emozioni, allontanati dalle persone e da tutto ciò che in questo momento ti rema contro, anche a costo della solitudine, perché è solo quando cominci a prendere le distanze, ovvero non ti fai più trarre in inganno da pareri e consigli altrui, che puoi tornare a distinguere in te stesso le risorse che hai smarrito nel tempo, allontanandoti sempre più dal tuo vero sé.

Se vuoi davvero salire in cima per godere di ogni bellezza della vita devi alleggerire il tuo bagaglio, altrimenti tutto il peso che sostieni raddoppierà la fatica e, addirittura, ti farà fermare e inesorabilmente precipitare all'indietro. Vorrei essere lì accanto a te per farti sentire quanto siano vere queste parole che sto scrivendo, perché la parola scritta resta per sempre, ma nulla può sostituire uno sguardo che rispecchia ciò che abbiamo nei nostri cuori, una mano che stringe la nostra per trasmetterci amore e forza, come mi piacerebbe fare in questo momento con te per incoraggiarti a trovare la tua strada.

A questo proposito, ricorda che non devi necessariamente isolarti. Anzi, se ritieni di avere un "guru" o una persona positiva al tuo fianco affidati anche a lei, ascolta i suoi consigli. La solitudine è utile solo nel momento in cui riconosci di non essere supportato da una figura valida e motivante, ma sappi che l'unione di persone con gli stessi principi e valori fa la forza e la differenza, perché insieme i dolori si dimezzano e le gioie raddoppiano.

Comunque sia, nel mio specifico caso, in piena solitudine per il tempo necessario a rinforzarmi e dedicandomi a passioni di cui non mi occupavo più da tempo, la lettura e la scrittura, sono giunta a nuove e fondamentali consapevolezze su cui ti prego di riflettere, soprattutto se sei costretto a frequentare, tuo malgrado, un ambiente giudicante e ostile di cui attualmente non ti puoi liberare.

La maggior parte delle volte, quando le persone che hai intorno non ti apprezzano e ti criticano, ti stanno osservando dal loro punto di vista, enormemente condizionato dal frutto dei loro stessi condizionamenti e dal risultato delle proprie esperienze. Nel mio caso, essendo per natura una persona particolarmente dolce, mi è più facile cogliere (o, al contrario, non cogliere) la dolcezza negli sguardi e nei modi altrui, perché in fondo siamo tutti un po' lo specchio l'uno dell'altro.

Può anche darsi che le critiche di chi ci sta intorno siano fondate, ma tieni presente che il più delle volte sono messaggi che sei tu stesso a trasmettere all'esterno. Ti faccio un esempio: se sei insicuro e fragile è facile che ti troverai circondato da persone che in qualche modo dubitano di te e della tua buona fede.

In altre parole, i contrasti che hai intorno non sono altro che gli stessi processi che hai già dentro di te, nella tua parte più profonda e oscura, dunque in questi casi ti consiglio di rifletterci e di essere grato a chi, con una sua critica, ti ha effettivamente dato elementi per migliorarti.

Quando riesci a far tue queste consapevolezze, potrai finalmente scegliere di non sentirti più minacciato dai giudizi altrui e prendere le distanze da tutto ciò che prima ti causava rabbia, rancore e sofferenza. Dal momento in cui hai scelto di agire su te stesso per migliorare la tua vita, puoi riflettere obiettivamente sulle critiche e capire se in qualche modo ti riguardano.

Naturalmente, impara a riconoscere quanto di ogni critica non ti riguarda mai del tutto perché, come ti ho spiegato, ciascuno vede le cose con un proprio filtro. In particolare, ignora le critiche che io definisco "a fondo perduto", cioè quelle che non cercano un punto d'incontro ma rappresentano solo uno sfogo da parte di chi te le rivolge, per nuocerti o per semplice malumore del momento.

Impara dunque a non prendere tutto sul personale e, in certi casi, anche a lasciar correre, soprattutto su quei giudizi che ritieni non appartenerti perché ti causano una rabbia inutile che fa male solo a te stesso e non certo a chi ti ha giudicato. Quando riesci ad essere indifferente alle critiche altrui, è facile che le persone di cui sei circondato alla fine si stanchino anche di muovertele, perché l'indifferenza è l'arma più potente che esista per far demordere anche il censore più accanito.

RIEPILOGO DEL CAPITOLO 4:

- SEGRETO n. 16: La maggior parte delle volte che qualcuno ti critica ti sta osservando dal suo punto di vista, influenzato dai propri condizionamenti, dal risultato delle proprie esperienze e, non da ultimo, dall'aspetto che più di ogni altro gli è familiare, se non addirittura che gli appartiene. Dunque non sentirti minacciato.

- SEGRETO n. 17: Nessuno è immune da errori. Ogni errore è frutto di un tentativo. Per permettere al vero te stesso di riemergere devi fare attenzione a quel giudice interiore che fa di tutto per sminuirti e svalutarti, e quando lo percepisci invitalo a starsene zitto, perché ora sei tu che hai preso il comando della tua vita.

- SEGRETO n. 18: Fai una chiara descrizione dei tuoi punti di forza e lavora su di essi, riconoscendoli ogni volta che emergono: sii fiero e grato a te stesso per tutti quegli aspetti positivi che hai creato nella tua vita.

- SEGRETO n. 19: Osserva attentamente le tue emozioni e sensazioni quando sei insieme agli altri e, qualora siano negative, non imporre a te stesso di adattarti a caratteristiche altrui, ma accetta le tue e dagli il giusto riconoscimento.

Anche se questo dovesse costarti un periodo di solitudine non averne alcuna paura, perché lontano da pareri e giudizi altrui, ascoltando il tuo cuore, puoi imparare a nutrire il tuo essere e a non mortificarlo più a causa di persone che non danno alcun valore aggiunto alla tua vita.

- SEGRETO n. 20: Più riesci ad essere indifferente alle critiche e ai giudizi perentori, più farai demordere anche il critico più accanito. Tuttavia, se dopo averci riflettuto con obiettività ritenessi che la critica in qualche modo è calzante, ringrazia dentro di te la persona che te l'ha mossa, perché ti ha fornito un nuovo elemento su cui puoi lavorare per migliorarti. In ogni aspetto della tua vita c'è sempre una visione positiva: quando riesci a coglierla e a farla diventare un'abitudine saranno davvero poche le cose e le persone che potranno minare il tuo benessere.

Capitolo 5:

Il male e il bene

Siamo talmente abituati a vedere il male e a soffermarci su tutte quelle situazioni che ci procurano dolore, che ci siamo dimenticati del bene, non lo accogliamo più nella nostra vita. Siamo sempre sulla difensiva e alla minima sensazione di pericolo attacchiamo. Il più delle volte però il pericolo non è reale ma una proiezione delle nostre paure, che si trasformano in percezioni distorte causando reazioni spropositate.

Situazioni ed eventi che, affrontati con la dovuta calma e serenità interiore, avrebbero avuto risvolti positivi finoscono invece con il rivoltarsi contro di noi. Dunque otteniamo esattamente l'opposto di quello che avremmo desiderato, e questo perché in realtà non occorre dichiarare guerra al male. Come puoi sconfiggere il buio se non accendi la luce? E come potrebbe esistere la luce se non esistesse anche il buio? Ogni cosa esiste appunto perché esiste il suo opposto.

Ma non è concentrandoti nel dichiarare guerra al male, ai problemi e a tutto ciò che non vuoi nella tua vita che improvvisamente otterrai quello che desideri. Piuttosto, è coltivando l'amore e migliorando le tue azioni e reazioni agli eventi che ti si presentano che puoi modificare tutto quello che non ti piace.

A tal proposito voglio raccontarti la storia dei due cani, che forse ti sarà già capitato di leggere. In questo aneddoto, che a molti può sembrare banale, c'è una grande saggezza di vita su cui ti invito a fare le tue riflessioni.

Si racconta la storia di due cani che, in momenti diversi, entrarono nella stessa stanza. Uno ne uscì scodinzolando, l'altro ringhiando.

Una donna li vide e, incuriosita, entrò nella stanza per scoprire cosa rendesse l'uno felice e l'altro così infuriato. Con grande sorpresa scoprì che la stanza era piena di specchi.

Il cane felice aveva trovato cento cani felici che lo guardavano, mentre il cane arrabbiato aveva visto solo cani arrabbiati che gli abbaiavano contro.

Quello che vediamo nel mondo intorno a noi è un riflesso di ciò che siamo. Tutto ciò che siamo è un riflesso di quello che abbiamo pensato.

La mente è tutto.

Quello che pensiamo, diventiamo.

Come vuoi essere? Sereno e felice? Allora lascia andare una volta per tutte la rabbia e il risentimento, fai un patto con te stesso, rinuncia ad alimentare queste emozioni, perché non giova a nessuno e soprattutto a te. Il male non si combatte con il male ma con il bene: e per far entrare il bene nella tua vita devi ridimensionare il male dandogli poca importanza, devi simbolicamente farlo morire di fame, sopraffarlo con sentimenti positivi di benessere, come narra la leggenda indiana dei due lupi.

«Nonno, perché gli uomini combattono?».

Il vecchio parlò con voce calma.

«Ogni uomo, prima o poi, è chiamato a farlo. Per ogni uomo c'è sempre una battaglia che aspetta di essere combattuta, da vincere o da perdere. Perché lo scontro più feroce è quello che avviene fra i due lupi».

«Quali lupi, nonno?».

«Quelli che ogni uomo porta dentro di sé».

Il bambino non riusciva a capire. Attese che il nonno rompesse l'attimo di silenzio che aveva lasciato cadere tra loro, forse per accendere la sua curiosità.

Infine il vecchio, che aveva dentro di sé la saggezza del tempo, riprese con il suo tono calmo.

«Ci sono due lupi in ognuno di noi. Uno è cattivo e vive di odio, gelosia, invidia, risentimento, falso orgoglio, menzogna ed egoismo».

Il vecchio fece di nuovo una pausa per dar modo al bambino di capire quello che aveva appena detto.

«E l'altro?».

"L'altro è il lupo buono. Vive di pace, amore, speranza, generosità, compassione, umiltà e fede».

Il bambino rimase a pensare un istante a quello che il nonno gli aveva appena raccontato. Poi diede voce alla sua curiosità ed al suo pensiero.

«E quale lupo vince?».

Il vecchio Cherokee si girò a guardarlo, e rispose con occhi puliti.

«Quello che nutri di più».

Quando vivi nella rabbia e nel rancore, stai nutrendo il lupo cattivo. Tu credi che siano gli altri ad essere cattivi e che ti stai solo difendendo; in realtà, benché tu abbia solo l'intenzione di proteggerti, senza rendertene conto attui tutta una serie di comportamenti, azioni e reazioni che tendono ad aggredire il prossimo, perché scaturiti da pensieri rabbiosi e rancorosi.

Quando decidi di cambiare e di liberarti da questi sentimenti non diventi buono con gli altri: stai semplicemente aiutando te stesso a stare meglio e questo porta beneficio anche alla vita degli altri, ma soprattutto alla tua.

Certamente ci vuole un po' di pratica per accorgersi che la realtà che vedi è solo il riflesso dei tuoi schemi mentali autodistruttivi, ma se impari a distogliere l'attenzione dalla situazione contingente e ti concentri solo sulle sensazioni ed emozioni che ti procura, giorno dopo giorno, ecco che gli eventi non sono più pericoli da cui difenderti, ma null'altro che situazioni che sei perfettamente in grado di risolvere.

Per comprendere meglio, ti faccio un esempio. Tempo fa mi sono dovuta recare in tribunale, dal giudice di pace, per una cartella esattoriale di 967 euro che non avevo pagato e contro cui avevo fatto ricorso. Ero in attesa da più di un'ora quando il giudice, con fare molto seccato, m'invita ad entrare: mi siedo ed espongo con molta calma la mia versione dei fatti, al che lui il giudice mi risponde ancora più seccamente che ho sbagliato tutto. Lo guardo dritto negli occhi e con umiltà cerco di fargli comprendere i motivi del mio ricorso.

Sai cos'è successo? Che a un certo punto il giudice ha cambiato tono, ha preso a cuore il mio caso e ha cercato di trovare una soluzione, fornendomi diversi consigli e infine rinviando l'udienza a tre mesi per darmi il tempo sufficiente a metterli in pratica.

Dall'atteggiamento iniziale, seccato e aggressivo, nel giro di pochi minuti quell'uomo aveva completamente cambiato il suo approccio: e secondo te come mai? Se ci pensi, è quasi ovvio: non mi ero rivolta a lui con l'intenzione di dimostrare a tutti i costi che avevo ragione (mettendo cioè in atto l'antica reazione inconscia di rabbia), bensì le mie azioni erano dettate dal desiderio di trovare una soluzione (nuovo atteggiamento positivo). Non ho percepito il giudice come un mio nemico e non mi sono fatta travolgere dal suo iniziale modo di fare scortese e disattento; probabilmente aveva le sue buone ragioni per esserlo, ma erano indipendenti da me e perciò io stessa, non sentendomi minacciata, mi sono comportata in modo tale da fargli comprendere la mia posizione.

Molto spesso a minare il dialogo non sono le parole che diciamo, ma il modo in cui le esprimiamo. Se siamo sicuri di noi stessi e non ci sentiamo aggrediti dal nostro interlocutore, gli invieremo segnali inconsci che a sua volta non lo fanno sentire minacciato, e così il dialogo diventa costruttivo.

Ecco perché, più che sulla situazione in cui ci troviamo, dobbiamo concentrarci sulle nostre stesse reazioni, che sono ripetizioni di esperienze già vissute e che il nostro inconscio ci spinge a rivivere sempre nello stesso modo. Se non riusciamo a scardinare questo automatismo, otterremo irrimediabilmente lo stesso risultato a cui eravamo abituati, indipendentemente dal luogo in cui ci troviamo e dalle persone con cui interagiamo.

Il segreto è proprio questo. Se non smetti di credere che la vita sia una lotta incessante, un problema da risolvere, un incomprensibile enigma, se continui a pensare che gli altri siano dei nemici da combattere o che siano tutti egoisti, se ti convinci di essere nato sotto una cattiva stella perché tutto ti riesce difficile, sappi che non è la vita che ce l'ha con te, ma sei tu in prima persona a vivere come un nemico di te stesso, e ogni tuo tentativo di cambiare le cose sarà vano.

Ogni giorno, in ogni nostra azione, l'inconscio si manifesta anche con il silenzioso ma esplicito linguaggio del corpo, che proietta all'esterno tutto ciò che abbiamo dentro: attenzione, non ho detto ciò che vorremmo essere, ma tutto ciò che effettivamente siamo. Il desiderio di ottenere ciò che vogliamo non è sufficiente: dobbiamo lavorare su noi stessi per conquistarcelo. Ovvero, se vogliamo pace e tranquillità, dobbiamo essere noi per primi ad essere in pace, per poi manifestarlo anche al di fuori.

Ti sembrerà strano, ma è proprio così che ho cominciato a cambiare la mia vita. Devi provarci anche tu, sottrarti al meccanismo colpa/problema e ragionare in termini di obiettivo, cioè "come posso fare per rimediare a questa situazione".

Ammetto che all'inizio si fa fatica ad abbandonare quegli antichi percorsi, è difficile frenare di colpo per poi svoltare in una direzione più adatta al proprio benessere, senza dimenticare l'angoscia che spesso deriva dal non sapere esattamente dove ci stiamo dirigendo. Quanto più però riuscirai ad aggiustare il tiro tanto più, giorno dopo giorno, ti avvicinerai alla nuova direzione, perché ormai hai compreso che il nostro subconscio viaggia di ripetizione in ripetizione. Se davvero vuoi cambiare la tua vita, più riuscirai a deviare verso nuovi percorsi e più, con il passare del tempo, ti risulterà facile e infine automatico.

Continuo a ripeterti questo concetto perché voglio che la tua consapevolezza arrivi fino all'inconscio e che entrambi lavorino con l'obiettivo di portarti a destinazione, come è successo a me qualche tempo fa e come sto per raccontarti.

A dicembre 2016 mi ero recata alla recita di Natale del mio terzo figlio, che allora frequentava la quarta elementare. Al termine dello spettacolo mia madre, che era lì con me, ha rivolto un appunto poco carino al mio ex compagno, suscitando la reazione della mia ex suocera che a sua volta, per difendere il figlio, ha fatto un'osservazione poco garbata nei miei confronti. Siccome la frase della mia ex suocera non corrispondeva al vero stavo per risponderle per le rime ma, all'improvviso, mi sono resa conto di non avere un filo di voce. Ho provato di nuovo a parlare, ma continuavo a non riuscirci: e finalmente ho capito, ho colto il segnale che il mio inconscio mi stava mandando, mi è passata immediatamente la rabbia e, credimi, la voce mi è tornata all'istante.

Ti sembrerà incredibile, ma quando la tua anima si allinea con il bene supremo, i miracoli accadono. Il discorso vale in qualsiasi ambito della tua vita: per esempio, se hai problemi economici e non riesci a pagare le bollette, non devi arrabbiarti e concentrarti su quell'aspetto, lamentandoti della mancanza di soldi, ma cambiare prospettiva e chiederti come puoi fare per avere denaro sufficiente in futuro. Se ti convinci erroneamente che non ci sia rimedio, penserai di non essere in grado di trovare una soluzione: se invece ti interroghi su come risolvere il problema, ti si apriranno strade insperate che non avresti mai immaginato.

Tieni a mente che quando sei in preda alla sofferenza stai osservando la vita solo da un certo punto di vista: hai due occhi ma è come se la guardassi con un occhio solo, quello negativo. La vita a volte improvvisamente ti toglie cose importanti, magari senza un perché, e tu ti ritrovi a soffrire le pene dell'inferno; ma altrettanto, quando meno te lo aspetti, te ne offre altre di pari valore che devi imparare a riconoscere. Se resti immobile a guardare ciò che la vita ti ha portato via finirai col non vedere quello che può donarti e continuerai ad osservare il mondo circostante con un occhio solo.

Il bene esiste perché esiste il male, così come la luce e il buio, il sole e la pioggia, l'inverno e l'estate, il dolore e la gioia. La sofferenza viene a ricordarci che siamo vivi, che qualcosa nella nostra vita forse non funziona e che bisogna prendere atto, o semplicemente doveva andare così; ma ciò non toglie che neanche la sofferenza è eterna, è un passaggio, una reazione spontanea a un momento triste dell'esistenza, ed è anche vero che c'è ancora tanto altro da salvare della tua vita, cose, persone e aspetti a cui non stai dando più alcuna importanza. Eppure permettimi di dirti, visto che ho trascorso cinque mesi chiusa in un ospedale, che sono di estrema e di basilare importanza: la salute, gli affetti, la luce del sole, il tuo stesso letto... Senza di questi, tu non saresti davvero più niente.

Se ti è possibile, evita di guardare il telegiornale perché riporta sempre situazioni di conflitti tra partiti politici e storie di cronaca che fanno molta audience, ma mostrano solo un aspetto del male che governa nel mondo. Secondo il mio parere, ascoltare notizie-spazzatura sarebbe utile solo se si potesse trovare un rimedio, altrimenti meglio concentrarsi sulle vicende di quei volontari che ogni giorno assistono malati in ospedale, gli anziani o i senzatetto senza che nessuno le menzioni. Ma ogni giorno puoi osservare intorno a te questi gesti gentili, ad esempio in metropolitana, quando qualcuno si alza e cede il posto a una vecchietta, o quando alla cassa qualcuno fa passare una persona anziana, o per strada, osserva quanti padroni già alle 7 del mattino portano fuori i propri cani e come sono amorevoli con loro.

Quando inizi davvero a prestare attenzione a queste cose ti rendi conto che la società è divisa a metà, che non regnano solo il male, l'ingiustizia, l'egoismo ma anche il bene, la giustizia, l'altruismo, e tutto ciò inizia finalmente a nutrire la tua mente e il tuo cuore.

Quando ti ripulisci dalla miseria che c'è intorno anche le tue azioni si modificano, ti ammorbidisci, non vedi più il prossimo come un nemico ma lo osservi, lo scruti e improvvisamente scopri che molte persone sono in linea con i tuoi valori e principi. E quando allontani il male dalla tua vita e sei attento al bene, perché in qualche modo inizia ad appartenerti, inizierai finalmente ad attirare persone che hanno le tue stesse frequenze del cuore, senza neanche andarne alla ricerca. Semplicemente, accadrà.

Ovviamente non sarai mai perfetto, ma devi accettare anche i tuoi difetti, perché ti distinguono e perché, se tenti di combatterli, crescono invece di ridimensionarsi. Ci hanno insegnato a lottare contro le cose negative, quando invece è più che sufficiente ignorarle e concentrarsi sul bene. Perché nessuno ne parla? Perché a scuola non si inserisce una materia per dare alle nuove generazioni l'opportunità di creare un mondo migliore? Non basta l'ora di religione, è troppo antiquata; bisogna insegnare e trasmettere l'amore ora, qui, in questa società così materialista. Non sono uno smartphone o una Play Station che dimostrano quanto si è amati: queste sono cose fittizie, senza valore, mentre ai ragazzi bisognerebbe insegnare a comprendere le difficoltà dei genitori e soprattutto ad amare incondizionatamente sé stessi e a riconoscere e sviluppare i loro talenti e passioni.

Quando senti mancare l'amore nella tua vita, cercalo dalla parte opposta. Non nella sua mancanza, ma osservandolo nelle piccole cose che compi ogni giorno e a cui non riesci ad attribuire il giusto valore, e riconoscendolo anche nelle vite degli altri. Se per esempio al mattino sei di corsa per accompagnare tuo figlio a scuola e all'ultimo momento ti ricordi di prendergli la merenda, anche questo è amore.

L'amore non conosce perfezione, non è un dovere, è qualcosa che metti nella vita degli altri e che nutre anche la tua. Se per esempio, com'è successo a me durante l'ultimo ricovero, hai una compagna di stanza circondata dalle cure affettuose del marito e dei figli, sii spettatore di questo grande affetto familiare e non ascoltare quella vocina interiore che si concentra sul pensiero "perché io no?". Piuttosto gioisci, perché se ti concentri sulle emozioni positive della situazione a un certo punto senti il tuo cuore pieno d'amore e ti verrà naturale esser grato a quella famiglia per avertene dato esempio.

Oppure, se a causa di un incidente stradale hai trascorso un'intera nottata su una barella dell'ospedale e nel sonno ti lamenti dal dolore, e poi improvvisamente vieni svegliato dal suono di una voce maschile che ti sussurra "forza", e nel voltarti ti accorgi che proviene da un anziano signore malconcio, lasciati invadere dalla sorpresa e dalla tenerezza, perché nel suo dolore ha pensato anche a te e addirittura ti sta sostenendo.

In certe situazioni, alimentare questi sentimenti di stupore e di tenerezza che avevamo perso da bambini non è indice di debolezza ma di grande forza, perché in un mondo perlopiù dominato dalla sete di potere e dal dio denaro, purtroppo difficili da placare, ritrovare sé stessi e nutrire il proprio animo con gli affetti non ha prezzo.

L'amore è ovunque ma spesso non riusciamo a coglierlo perché siamo profondamente oppressi da quei sentimenti negativi di rancore, rabbia e frustrazione che ci chiudono gli occhi e il cuore. Cerca invece di arricchire la tua vita e di non sminuire quella degli altri, di cui non sai nulla; e anche se ne sai qualcosa, non è abbastanza per prenderti il diritto di giudicare il percorso che stanno compiendo gli altri. Non indossi le loro scarpe, non hai i loro occhi, il loro animo né il cuore, non hai pianto le loro lacrime, non puoi fare i loro medesimi pensieri o sogni e non sei caduto nello stesso punto, puoi solo immaginarlo, ma non sarà mai la stessa cosa.

Quello che vedi di ognuno è solo una minuscola parte di quello che realmente è, che sta vivendo o che ha vissuto; inoltre, rappresenta solo quello su cui tu sei più focalizzato e a cui stai dando più importanza. È come se ti affacciassi alla finestra e vedessi tutto quello che è alla tua portata: puoi cogliere il panorama fin dove può arrivare il tuo sguardo, ma non puoi sapere cosa c'è immediatamente dietro l'angolo e non puoi vedere oltre i tuoi limiti.

Tieni presente, inoltre, che anche davanti allo stesso paesaggio non tutti vedono le medesime cose: c'è chi pone attenzione al prato pieno di margherite, chi ai vecchietti seduti sulle panchine, chi ai bambini e ai cani che corrono spensierati e chi invece a quel padrone che non ha raccolto i bisogni del suo cane, chi è infastidito da un gruppo di adolescenti troppo chiassosi e così via. Ognuno osserva ciò da cui è attirato, in risonanza con le proprie emozioni e il proprio vissuto. Dunque, valorizza il meglio dei tuoi compagni di viaggio e lascia andare il superfluo: la vera ricchezza è visibile solo con gli occhi del cuore.

E ora che sai come leggere le tue emozioni, utilizzale per stare bene. Usa i ricordi più belli per riempirti d'amore nei momenti in cui ti senti vuoto, e quelli tristi come stimolo a proseguire nel momento in cui sarai tentato di tornare sui tuoi passi. Quando inizi a cercare dentro di te quello che ti manca, quando ti focalizzi sulla tua anima, quando non ti arrendi alla prima caduta, quando guardi gli altri come compagni di viaggio e la tua vita come la tua più fedele amica, credimi, scoprirai quanto straordinario potere hai a disposizione: devi solo riconoscerlo e tirarlo fuori. Io il mio l'ho trovato. Tu ora cerca il tuo. Te lo devi. Te lo meriti.

In te c'è una bellissima persona, che sta aspettando di riemergere in superficie. Ti aspetto alla fine del tunnel, sarò lì ad attenderti, insieme a tutti gli altri compagni di viaggio che sono arrivati prima di me e di te. Impossibile non trovarci, avremo la tua stessa luce negli occhi.

RIEPILOGO DEL CAPITOLO 5:

- SEGRETO n. 21: Non è la vita che ce l'ha con te: sei tu che le stai inviando messaggi scorretti, registrati nel tuo inconscio fin da quando eri bambino. Per questo, quando senti di trovarti in situazioni analoghe a quelle già vissute (spesso erroneamente), reagisci come se fossi in pericolo e spesso anche a sproposito. Questo è uno dei principali motivi per cui devi osservare dentro di te cosa accade, ancora di più di quanto ti concentri sulla situazione che stai vivendo.

- SEGRETO n. 22: Ogni giorno il tuo inconscio si manifesta anche con il linguaggio del corpo, che trasmette le tue energie e che proietta all'esterno tutto ciò che hai dentro. Pertanto non basta il desiderio di ottenere ciò che vuoi: devi lavorare su te stesso per ritrovare la tua vera essenza.

- SEGRETO n. 23: Quando ti trovi alle prese con un problema, non focalizzarti sul problema stesso ma sulle sue possibili soluzioni, chiedendoti "cosa posso fare per risolvere questa situazione?". E quando avrai trovato la risposta, mettiti subito in azione perché il pensiero senza azione non conduce a nulla.

- SEGRETO n. 24: Se ti focalizzi sulla domanda giusta, prima o poi la soluzione arriverà. Se invece continui a pensare al problema, pur senza volerlo lo alimenti e lo accresci, senza contare che annienti ogni tua risorsa utile e disponibile per la sua risoluzione.

• SEGRETO n. 25: Allontanati il più possibile da notizie di cronaca e da trasmissioni che hanno come comune denominatore contrasti e liti, e fai attenzione invece a chi si adopera per fare del bene al prossimo. Più ripulisci i tuoi pensieri negativi e la tua energia e più ti offri l'opportunità di attrarre persone che condividono i tuoi stessi principi e valori. Più risplenderai e farai luce nelle vite altrui, e più riceverai luce. Questa è una storia di vita vera e vissuta, la mia. Quando sono uscita da quel vicolo buio e sono andata incontro alla luce, ho visto tante persone che vi erano arrivate prima di me e mi attendevano.

Conclusione

Non avevo mai scritto un libro, ma era uno dei miei sogni. Irraggiungibile, secondo le mie convinzioni. Ma poiché, facendo sempre le stesse cose, avevo ottenuto solo quello che ti ho già descritto, a un certo punto ho deciso di spingermi oltre i miei limiti e d'istinto mi sono iscritta al corso di "Number 1 - Come scrivere un libro in poco tempo".

Alla fine del corso fu proposto a tutti noi partecipanti, qualora desiderassimo entrare a far parte dell'accademia degli scrittori con la pubblicazione del nostro libro entro otto mesi, di presentare la nostra candidatura mediante la compilazione dell'apposito modulo, contenente i nostri dati, l'eventuale titolo e l'argomento prescelto, in cambio delle spese per la pubblicazione. Ci fu data circa un'ora di tempo.

In quell'ora, giuro, mi è passato per la testa di tutto e di più. In primis la rabbia e l'impotenza (mie fedeli compagne di gioventù, che in rare situazioni ancora riemergono), perché con il denaro di cui disponevo in quel momento a malapena riuscivo ad arrivare a fine mese.

Ricordo che ero nel giardino dell'hotel e mi sentivo sconfortata e delusa quando a un tratto, confidandomi con un'altra partecipante, le ho fatto vedere la mia pagina Facebook "Gli occhi non mentono mai", con i miei 84.000 seguaci di allora. Lei rimase piacevolmente sorpresa e mi spinse a compilare la candidatura con le testuali parole "ma se non lo fai tu, chi altro lo deve fare?", e con un sorriso davvero stupendo.

Così d'impulso sono rientrata nella hall, ho preso il foglio e l'ho compilato. La mia mano tremava mentre scriveva, spinta da due opposte emozioni. Da una parte (con l'occhio del cuore) vedevo già il mio libro, la copertina e il contenuto, dall'altra temevo di non riuscire a recuperare i soldi o di indebitarmi. Pensavo ai miei figli, al loro benessere e quasi mi sentivo in colpa per quello che stavo facendo (re ero cosciente). Poi però tornava quella splendida sensazione di gioia e di felicità nell'immaginare il libro.

In passato questo è sempre stato il mio peggior problema: sono sempre stata una grande sognatrice ma anche una persona molto concreta, con i piedi per terra. Seguire il cuore o la mente?

Consegnai la mia candidatura con il grande desiderio di essere scelta (su oltre 450 ne avrebbero prese soltanto 52) ma anche con la fievole e contraddittoria speranza di un riscontro negativo, così mi sarei evitata quello che sembrava essere un problema; e per rendere ancora più efficace questo comportamento autosabotante lo rafforzavo ripetendomi "ma figurati se possono prendere in considerazione una come te", fin quasi ad autoconvincermi che sarebbe andata proprio così. Difatti non avevo neppure preso in considerazione la maniera per recuperare i soldi.

Dopo due giorni sono tornata in ufficio con questo pensiero, "ma sì, è stata una bella esperienza che ti ha arricchito interiormente e ti ha fatto trascorrere tre giorni in piacevole compagnia di persone che hanno i tuoi stessi principi e valori. Ma ora per favore, poggia i piedi per terra".

Trascorrono solo due o tre ore quando all'improvviso squilla il telefono e vedo un numero di cellulare che non conosco: di norma non rispondo agli sconosciuti, ma in quel caso l'istinto mi ha fatto accettare la chiamata e dall'altra parte sento una voce maschile simpatica e suadente che mi dice "buongiorno, sei Gabriella? Piacere, sono Alessandro della Bruno Editore, ti ho chiamato per comunicarti che sei stata scelta per far parte dell'accademia degli scrittori". Le orecchie mi ronzavano, non riuscivo a crederci, mi dicevo "no, non è possibile, è uno scherzo, ma figuriamoci".

Invece no, era proprio vero. E sebbene avessi già deciso che nell'improbabile eventualità che venissi scelta mi sarei rifiutata, perché non disponevo della somma necessaria, dissi di getto ad Alessandro che non c'erano problemi e che avrei fatto al più presto il relativo bonifico. Aveva vinto il cuore, sotto forma d'istinto.

Già, ma ora dove l'avrei trovata la cifra necessaria? Decisi di non pensarci più e di riprendere a lavorare. Il mattino seguente andai su Internet, pensando di dovermi dedicare a lunghe ricerche, poi feci una telefonata e nel giro di sole due ore disponevo già dell'importo in banca. Da quel momento in poi fui sicura che,

146

poiché era stato tutto così semplice e veloce, significava solo che io dovevo proprio scrivere questo libro. Avevo dato retta al cuore. Un sogno che avevo già dall'età di 11 anni: e oggi l'ho realizzato.

Se ancora non ti fosse chiaro lo scopo di questo libro, leggi le parole della canzone "Fino all'imbrunire", dei Negramaro. È uno dei collegamenti che mi è stato donato, proprio in questo preciso istante, dalla mia bambina interiore. Mentre scrivo, la mia mente continua a soffermarsi sulle parole di questa canzone, che ti fa capire quante connessioni vi sono tra mente conscia, inconscia e cuore.

"Fino all'imbrunire"

Torneranno i vecchi tempi,
con le loro camicie fiammanti,
sfideranno le correnti,
fino a perdere il nome dei giorni,
spesi male per contare, solo quelli finiti bene,
per non avere da pensare a niente altro se non al mare.

Torneranno tutte le genti che non hanno voluto parlare,
scenderanno giù dai monti ed allora staremo a sentire,
quelle storie da cortile che facevano annoiare
ma che adesso sono aria, buona pure da mangiare.

Tornerai anche tu tra gli altri,
e mi sentirò impazzire,
tornerai e ti avrò davanti,
spero solo di non svenire,
mentre torni non voltarti,
che non voglio più sparire,
nel ricordo dei miei giorni, resta fino all'imbrunire.

Torneranno gli innocenti tutti pieni di compassione,
per gli errori dei potenti fatti senza esitazione,
senza lividi sui volti, come un taglio sopra al cuore,
prendi un ago e siamo pronti, siamo pronti a ricucire.

Tornerai tu in mezzo agli altri,
e sarà come impazzire,
tornerai e ti avrò davanti,

spero solo di non svenire,

mentre torni non voltarti,

che non voglio più sparire,

nel ricordo nei miei giorni, resta fino all'imbrunire.

Tornerai tu in mezzo agli altri,

e sarà come morire,

tornerai e ti avrò davanti,

spero solo di non svenire,

mentre torni non voltarti,

che non voglio più sparire,

nel ricordo dei miei giorni, resta fino all'imbrunire.

Torneranno anche gli uccelli,

ti diranno come volare,

per raggiungere orizzonti

più lontani, al di là del mare.

Stringimi come sei,

non c'è più niente.

Tornerai tu in mezzo agli altri,

e sarà come impazzire,

tornerai e ti avrò davanti,

spero solo di non svenire.

Mentre torni non voltarti,

che non voglio più sparire,

nel ricordo dei miei giorni, resta fino all'imbrunire.

Resta fino all'imbrunire.

Niente resta fino all'imbrunire.

Torneranno anche gli uccelli.

Da piccola sognavo un mondo migliore, come quello descritto nel testo della canzone. Spero con questo libro di essere riuscita a fartelo percepire e averti fatto sognare, perché quando i sogni sono frutto dell'amore incondizionato che possiedi in te, si realizzano.

Non conosco personalmente Giacomo Sangiorgi e per mancanza di tempo non ho mai seguito la sua carriera, sono stata solo a un suo concerto, ma le sue canzoni, in qualche modo, mi riportano alla mia essenza originale, senza filtri né condizionamenti. Fin dalla prima volta che ho ascoltato questa canzone, ho intuito che quel "tornerai tu in mezzo agli altri e sarà come impazzire" è riferito al suo bimbo interiore, e che il senso profondo è il sogno di un mondo migliore.

In questo momento sogno di averlo qui davanti a me in carne ed ossa e di poterlo ringraziare per tutto l'amore che mi trasmette attraverso le sue parole; e siccome credo nei miracoli, chissà che quel sogno un giorno non diventi realtà.

Per finire, mi rivolgo nuovamente a te.

Affidati alla voce del tuo cuore, con amore incondizionato e rispettando il prossimo. Poi agisci. Il cuore troverà il modo di farti realizzare i tuoi desideri più profondi, a patto che tu creda nell'amore e lo rifletta nella tua vita. I miracoli accadono, basta crederci. Perché la mente è tutto, ma è il cuore la vera guida.

Con amore incondizionato
Gabriella Sanfilippo

Se posso esserti d'aiuto, mi trovi sulla mia pagina Facebook "Gli occhi non mentono mai":

https://www.facebook.com/lo.specchio.della.ns.anima/

Ringraziamenti

Dedico questo libro a mia nonna Francesca Costantino, la persona che più di ogni altra mi ha fatto sentire il sapore dell'amore incondizionato e ha riconosciuto in quella bambina che tutti mortificavano un'anima di grande talento. Ovunque tu sia ora, sono certa che mi puoi sentire: ti voglio bene. E poi a tutti i miei fan della pagina Facebook "Gli occhi non mentono mai", che con il loro affetto e sostegno hanno guidato i miei passi verso la piena consapevolezza di chi sono e di quale sia la mia missione di vita.

La prima persona che mi sento di ringraziare più di tutte sei tu, lettore, perché qualsiasi cosa tu possa pensare del libro mi hai reso felice solo al pensiero che sei giunto alla fine e che, in qualsiasi caso, ti ho tenuto compagnia. La seconda è la ragazza che ho incontrato nel giardino dell'albergo, a cui sarò grata per il resto della mia vita.

Ringrazio inoltre i miei figli Serena Francesca, Dario e Leon che con infinita pazienza mi hanno sopportato, nelle due settimane di stesura, in cui avevo bisogno di silenzio; i miei genitori Rosa e Giuseppe, con cui ho ripreso i rapporti; i miei ex suoceri Anna e Giuseppe, che insieme alla mia ex cognata Sabrina mi sono sempre stati vicini, nonostante il divorzio dal loro figlio e fratello; la dottoressa Ivana Ferraro, per avermi dato una prima infarinatura sulla quantistica e avermi sostenuta in un momento molto particolare della mia vita; il dottor Alex Abate, la dottoressa Barbara Grassi e Michele Russo.

Infine ringrazio di cuore la Bruno Editore nelle figure di Giacomo, Alessandro, Roberto e Mariarosa, e la buddy Rubina Guacci, già autrice: sono tutte splendide persone.